21世纪普通高等院校系列教材

税收筹划专题
Shuishou Chouhua Zhuanti

主　编　李蕴　马胜

西南财经大学出版社

中国·成都

图书在版编目(CIP)数据

税收筹划专题/李蕴,马胜主编.—成都:西南财经大学出版社,
2021.11
ISBN 978-7-5504-4994-7

Ⅰ.①税… Ⅱ.①李…②马… Ⅲ.①税收筹划——教材
Ⅳ.①F810.423

中国版本图书馆CIP数据核字(2021)第149214号

税收筹划专题

主　编　李蕴　马胜

策划编辑:王青杰
责任编辑:高小田
封面设计:杨红鹰　张姗姗
责任印制:朱曼丽

出版发行	西南财经大学出版社(四川省成都市光华村街55号)
网　　址	http://cbs.swufe.edu.cn
电子邮件	bookcj@swufe.edu.cn
邮政编码	610074
电　　话	028-87353785
照　　排	四川胜翔数码印务设计有限公司
印　　刷	郫县犀浦印刷厂
成品尺寸	185mm×260mm
印　　张	9.25
字　　数	291千字
版　　次	2021年11月第1版
印　　次	2021年11月第1次印刷
书　　号	ISBN 978-7-5504-4994-7
定　　价	24.80元

21世纪普通高等院校系列教材
编　委　会

▶▶ 总序

为推进中国高等教育事业可持续发展，经国务院批准，教育部、财政部启动实施了"高等学校本科教学质量与教学改革工程"（以下简称"本科质量工程"），《国家中长期教育改革和发展规划纲要（2010—2020）》也强调全面实施"高等学校本科教学质量与教学改革工程"的重要性。这是落实"把高等教育的工作重点放在提高质量上"的战略部署，是在新时期实施的一项意义重大的本科教学改革举措。"本科质量工程"以提高高等学校本科教学质量为目标，以推进改革和实现优质资源共享为手段，按照"分类指导、鼓励特色、重在改革"的原则，对推进课程建设、优化专业结构、改革培养模式、提高培养质量发挥了重要的作用。为满足本科层次经济类、管理类教学改革与发展的需求，培养具有国际视野、批判精神、创新意识和精湛业务能力的高素质应用型和复合型人才，迫切需要普通本科院校经管类学院开展深度合作，加强信息交流。在此背景下，我们协调和组织部分高等院校特别是四川的高校，通过定期召开普通本科院校经济管理学院院长联席会议，就学术前沿、教育教学改革、人才培养、学科建设、师资建设和社会科学研究等方面的问题进行广泛交流、研讨和合作。

为了切实推进"本科质量工程"，2008年的第一次联席会议将"精品课程、教材建设与资源共享"作为讨论、落实的重点。与会人员对普通本科的教材内容建设问题进行了深入探讨并认为，在高等教育进入大众化教育的新时期，各普通高校使用的教材与其分类人才培养模式脱节，除少数"985"高校定位于培养拔尖创新型和学术型人才外，大多数高校定位于培养复合型和应用型经管人才，而现有的经管类教材存在理论性较深、实践性不强、针对性不够等问题，需要编写一套满足复合型和应用型人才培养要求的高质量的普通本科教材，以促进人才培养和课程体系的合理构建，推动教学内容和教学方法的改革创新，形成指向明确、定位清晰和特色鲜明的课程体系，奋力推进经济管理类高等教育质量的稳步提高。与会人员一致认为，共同打造符合高教改革潮流、深刻把握普通本科教育内涵特征、满足教学需求的系列教材，非常必要。鉴于此，本编委会与西南财经大学出版社合作，组织了30余所普通本科院校的经济学类、管理学类的学院教师共同编写本系列教材。

本系列教材编写的指导思想是：在适度的基础知识与理论体系覆盖下，针对普通本科院校学生的特点，夯实基础，强化实训。编写时，一是注重教材的科学性和前沿性，二是注重教材的基础性，三是注重教材的实践性，力争使本系列教材做到"教师易教、学生乐学、方便实用"。

本系列教材以立体化、系列化和精品化为特色。一是除纸质教材外，还配备课件、视频、案例、习题等数字化教学资源；二是力争做到"基础课横向广覆盖，专业课纵向成系统"；三是力争把每种教材都打造成精品，让多数教材能成为省级精品课教材、部分教材成为国家级精品课教材。

为了编好本系列教材，我们在西南财经大学出版社的协调下，经过多次磋商和讨论，成立了首届编委会。首届编委会主任委员由西华大学管理学院院长章道云教授担任。2017年，由于相关学院院长职务变动，编委会的构成也做了相应调整。调整后的编委会由西南财经大学副校长张邦富教授任名誉主任，蒋远胜教授任主任，李成文教授、张华教授、周佩教授、赵鹏程教授、董洪清教授、傅江景教授任副主任，20余所院校经济管理及相关学院院长或教授任编委会委员。

在编委会的组织、协调下，该系列教材由各院校具有丰富教学经验并有教授或副教授职称的教师担任主编，由各书主编拟订大纲，经编委会审核后再编写。同时，每一种教材均吸收多所院校的教师参加编写，以集众家之长。自2008年启动以来，经过近十年的打造，该系列现已出版公共基础、工商管理、财务与会计、旅游管理、电子商务、国际商务、专业实训、金融经济、综合类九大系列近百种教材。该系列教材出版后，社会反响好，师生认可度高。截至2017年年底，已有30多种图书获评四川省"十二五"规划教材，多个品种成为省级精品课程教材，教材在西南地区甚至全国普通高校的影响力也在不断增强。

当前，中国特色社会主义进入了新时代，我们要建设教育强国，习近平总书记在党的十九大报告中对高等教育提出明确要求，加快一流大学和一流学科（简称"双一流"）建设，实现高等教育内涵式发展。"双一流"建设的核心是提升学校自身的办学水平，关键是提高人才培养质量和学科建设水平，同时办学声誉得到国际社会的认可。为此，高等学校要更新教育思想观念，遵循教育教学规律，坚持内涵式发展，进一步深化本科人才培养模式改革。而教材是体现高校教学内容和方法的知识载体，是高等院校教学中最基本的工具，也是高校人才培养的基础，因此，高校必须加强教材建设。

为适应"双一流"建设的需要，全面提升高校人才培养质量，构建学术型人才和应用型人才分类、通识教育和专业教育结合的培养制度，满足普通本科院校教师和学生需求，需要对已出版的教材进行升级换代。一是结合教学需要对现有教材进行精心打造。具体而言，贯穿厚基础、重双创的理念，突出创新性、应用性、操作性的特色，反映新知识、新技术和新成果的学科前沿；利用数字技术平台，加快数字化教材建设，打造立体化的优质教学资源库，嵌入可供学生自主学习和个性化学习的网络资源模块。二是根据学科发展的需要，不断补充新的教材，特别是规划旅游类、实训类、应用型教材。

我们希望，通过编委会、主编和编写人员及使用教材的师生的共同努力，将此系列教材打造成适应新时期普通本科院校需要的高质量教材。在此，我们对各经济管理学院领导的大力支持、各位作者的智力成果以及西南财经大学出版社员工的辛勤劳动表示衷心的感谢！

21 世纪普通高等院校系列教材编委会
2018 年 5 月

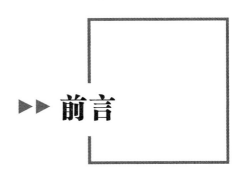

▶▶ 前言

　　税收是国家、企业和个人都非常关注的领域，纳税主体的多样性、业务的多样性决定了具体的税收实务操作千变万化。在税收实务操作中，纳税人既要做到合法合规纳税，又在不同程度上希望能降低税收负担，提高经营收益。税收筹划通过对生产经营活动的事前调整和安排，能够有效降低税收负担，因而越来越受到纳税人的重视。税收筹划不是偷税漏税，其与偷税漏税的本质区别在于税收筹划不违法。税收筹划的基本手段是充分享受国家的各种税收政策。因此本书以各类税收实务的政策讲解为重点，采用政策讲解加案例分析的方式、理论与实践相结合的方法，对不同纳税主体、多种涉税业务的税收筹划进行介绍。本书对政策的讲解依据最新政策原文，对政策进行梳理和分析，力求使读者清晰、准确、快速掌握政策要点。

　　本书从多个层次讨论税收筹划，共分为六个专题：专题一是税收筹划基础，这部分内容是准确理解税收筹划和解读税收政策的基础；专题二、专题三主要是对税种、业务进行税收筹划，这部分内容较为具体，是税收筹划的重点；专题四、专题五主要是对行业、区域进行税收筹划，拓展税收筹划的视野；专题六主要涉及国际税收筹划，从更广阔的范围来思考税收筹划。本书通过六个专题，从基础到深入、从微观到宏观，培养学生税收筹划的系统性思维能力。

　　各高校商学院在大学本科阶段，都开设了税法课程来介绍中国现行的主要税收法律制度，但是在主要税收法律制度之外，还存在着大量影响企业经营实务的税收行政法规即税收政策，这些税收政策数量多、更新快、内容广泛，如果学生对此不作了解，在工作后对实务中所涉及的税收政策进行找寻、解读和运用时会发生困难。因此，本书一方面适用于初学税收筹划的人士，另一方面也适用于想进一步了解税收政策的人士。

　　本书由成都大学商学院李蕴博士负责书稿大纲的设计及专题二至专题六的写作，

马胜教授承担了专题一的写作并对书稿提出了大量建设性意见。本书虽然是编者倾心编写而成，但限于水平和时间，依然会存在一定的不足和遗憾，真心希望读者批评指正，以便进行修改和完善。

编者

2021 年 9 月

▶▶ 目录

专题一 | 税收筹划基础

税收筹划是一个家喻户晓的名词，其之所以受到广泛关注的原因在于：税收对于企业来说，本质上如同办公费用、生产成本、职工工资那样，是企业的一项成本支出。企业经营的目的是赚取利润，如果降低企业的税收成本，则可以提高税后收益。因此，企业要对税收成本进行严格管理，在经营活动中充分考虑税收上的安排并进行详细的分析谋划，为企业选择一个最优方案。

一、税收筹划的含义

（一）税收筹划与偷税、避税的界定

通常来说，纳税人降低税收负担有三种手段：偷税、避税和税收筹划。在现实生活中，人们往往把偷税、避税、税收筹划混淆在一起，对三者的认识较为模糊。其实这三者之间有许多共同点，而且在一定条件下还可以相互转化，但它们之间却存在区别。

1. 税收筹划与偷税

世界各国在法律上对偷税都有明确定义，却很少有对税收筹划的定义，我国也不例外。《中华人民共和国税收征收管理法》第六十三条规定："纳税人伪造、变造、隐匿、擅自销毁账簿、记账凭证，或者在账簿上多列支出或者不列、少列收入，或者经税务机关通知申报而拒不申报或者进行虚假的纳税申报，不缴或者少缴应纳税款的，是偷税。"可见，偷税是纳税人采取欺骗、隐瞒手段进行虚假纳税申报等违反刑法，或采用多列支出或少列收入等手段违反税法，在纳税义务发生后拒不缴纳税款的一种违法行为。

税收筹划与偷税的不同之处在于，一是税收筹划没有违反刑法或税法，二是税收筹划是纳税人避免纳税义务发生的行为，而非纳税义务发生后拒不缴纳税款的行为。

2. 税收筹划与避税

税收筹划与避税之间的区分相对比较困难。目前实务界存在两种看法：

一种观点认为两者之间有区别，税收筹划是纳税人利用税法中的税收优惠，如减免税、税前扣除、优惠税率等，来减轻纳税义务的行为；而避税是纳税人利用税法中的漏洞、盲区或者差异来规避、减轻或推迟纳税义务的行为。把两者这样区分开来，是因为税收筹划是政府希望看到的，是一种阳光下的行为；而避税虽然不直接违反法律，却是政府不希望看到的，它是一种"不道德"或"不光彩"的行为。加拿大税务局对避税的解释为：避税是纳税人通过某种或多种交易减少或者规避纳税义务的行为，虽然这种行为符合税法的字面含义，但违反了税法的精神或者初衷。税收筹划也是减免纳税的一种安排，但这种安排与法律的初衷是一致的。加拿大税务局将那些不可接受的或者滥用的税收筹划视为避税。这个定义指出了避税处于一种灰色地带，它不是政府税收法律明确鼓励的行为，也没有明显违反法律，但随时都有可能被政府认定为不合法，进而不予承认。

另一种观点认为，税收筹划和避税都没有违法，都是纳税人避免纳税义务发生的行为，两者在实质上没有区别。一些国家认为税收不能以道德名义提出额外要求，应根据税法要求负担其法定的税收义务，只要不违法都应允许，不必划分什么是避税，什么是税收筹划。在实务界来看，专业的会计师事务所或税务师事务所这类中介机构很重要的一块业务就是帮助企业避税，在这个行业里都把这类业务称作税收筹划或者节税，而不叫避税。如果中介机构只帮助企业或个人享受税收优惠，恐怕业务量会大幅度降低。因为在互联网如此普及的今天，税收优惠政策都是公开的，纳税人一般都十分清楚自己能够享受到哪些税收优惠，没有必要再花很高的价钱去聘请专业人士为其指点迷津。而避税就不一样了，它要利用税法的漏洞或者缺陷，利用一些税收政策的盲区来减轻纳税义务，这就具有一定的"技术含量"，不是人人都能做得到，所以才需要专业人士、专业机构从事这项工作。当然，无论叫什么名字，各国税务部门都有自己的底线，即使称为税收筹划，但如果这种行为过于偏重纳税人的税收利益，不具有真实的商业目的，税务部门也要对这种行为加以纠正，并对由此带来的税收后果进行调整。

3. 我国税务部门对税收筹划的界定

（1）在我国税务部门的官方文件中，税收筹划实际上是被作为一个广义的概念来使用的，它既包括纳税人利用税收优惠进行的"阳光下"的节税行为，也包括纳税人钻税法的漏洞等进行的恶意避税行为。

例如《国家税务总局关于我国和新加坡避免双重征税协定有关条文解释和执行问题的通知》（国税函〔2007〕1212号）指出：应注意防止纳税人不适当地利用《协定》进行税收筹划，逃避我国税收。《国家税务总局关于加强国际税收管理体系建设的意见》（国税发〔2012〕41号）提出的促进反避税工作向纵深发展的具体意见中包括：着重研究解决企业分摊境外成本、利用融资结构、多层控股模式及避税港无经济实质企业进行税收筹划等问题。

（2）在"税收筹划"特指"阳光下"的节税行为时，其前面一般都要加上依据或符合国家税收政策、具有合理商业目的等定语。

例如中国注册会计师协会下发的《税收筹划业务规则（试行）》指出：本规则所称的税收筹划业务是指，税务师根据委托人服务需求、业务模式及数据信息，依据国家税收政策及其他相关法律法规，通过对委托人生产经营、财务管理或税务处理的运筹和规划，综合平衡各方面成本与效益，为委托人提供战略发展、风险防范、降本增效等方面的设计方案以及实施取向的服务。

（3）为了区分税收筹划与避税，目前国家税务总局下发的文件一般将阳光下的税收筹划行为称作"税务规划"或"税收策划"，而不再称其为"税收筹划"。

例如，2009年5月国家税务总局印发的《大企业税务风险管理指引（试行）》（国税发〔2009〕90号）将"税务规划具有合理的商业目的，并符合税法规定"作为企业税务风险管理的主要目标之一。2017年5月国家税务总局发布的《涉税专业服务监管办法（试行）》（国家税务总局公告2017年第13号）规定，涉税专业服务机构可以从事的业务包括税收策划，并指出税收策划是"对纳税人、扣缴义务人的经营和投资活动提供符合税收法律法规及相关规定的纳税计划、纳税方案。"

（二）税收筹划的特征

1. 税收筹划是一种不违法的行为

税收筹划绝没有违反国家的法律，它并不是靠弄虚作假或者违反税法规定来实现的，这一点决定了税收筹划与偷税有着本质的区别。纳税人必须在各种法律允许或不明确禁止的范围内进行活动，其行为与刑法或税法均不能发生冲突。特别是我国属于成文法国家，适用"法无明文禁止即可为"，也就是说对企业和个人而言凡是法律没有明文禁止的都是可以做的，并不应受到法律的限制。如果税法没有明确规定纳税人的特定纳税义务，纳税人就有权选择对自己有利的税收处理办法，这种行为并不构成偷税。

2. 税收筹划利用的是税法的差异、漏洞或者盲区

税法的差异、漏洞或者盲区在任何国家的税法中都或多或少地存在，从而可能会被纳税人利用。税法中纳税义务差异的存在主要是由各项税收优惠政策导致的，漏洞和盲区可能是税法制定得不严密或无法具体规定所致。这些一旦被纳税人发现，都可能被用于税收筹划。

3. 税收筹划是在纳税义务产生之前发生的行为

税收筹划是一种事先的安排，通过选择适当的业务流程、交易模式、公司结构等来减少纳税义务，不让纳税义务发生或推迟其发生，而不是在上述业务已经确定且应有的纳税义务已经发生的情况下，再在账目上做一些手脚从而少缴税款。但是在现实中，企业的经营决策往往不让财务人员参与，而等到业务流程结束、合同签订后，企业管理层觉得税负过重时，再让财务人员想办法少缴或不缴税，此时财务人员就只能在账上做手脚。这种企业通过会计手段达到少缴税的行为，就不是税收筹划，往往已经构成了偷税。

（三）企业进行税收筹划的风险

企业在税收筹划过程中，有可能因为税收政策不稳定、对税收政策运用和执行不到位、筹划方案不严谨等给企业带来税务风险。但是相对于偷税，税收筹划给企业带来的税务风险要小得多。

首先，税收筹划并没有违反法律，它是纳税人利用税收法律法规中的差异、漏洞或者盲区而规避或减少了纳税义务，其面临的后果至多是税务机关对此不予认可并进行纳税调整。根据目前的《中华人民共和国税收征收管理法》，税务机关对于纳税人的税收筹划行为不能进行经济处罚。2014年12月国家税务总局下发的《一般反避税管理办法（试行）》（国家税务总局令2014年第32号）提出，对于企业实施的不具有合理商业目的而获取税收利益的避税安排，税务机关应当以具有合理商业目的和经济实质的类似安排为基准，按照实质重于形式的原则实施特别纳税调整，并对特别纳税调整的立案、调查、结案、争议处理四大环节进行了明确规定。

其次，税务机关对企业的税收筹划行为进行纳税调整后，并不能像对待偷税那样

加收滞纳金。根据《中华人民共和国税收征收管理法》第六十三条规定："对纳税人偷税的，由税务机关追缴其不缴或者少缴的税款、滞纳金，并处不缴或者少缴的税款百分之五十以上五倍以下的罚款；构成犯罪的，依法追究刑事责任。"第三十二条规定："纳税人未按照规定期限缴纳税款的，扣缴义务人未按照规定期限解缴税款的，税务机关除责令限期缴纳外，从滞纳税款之日起，按日加收滞纳税款万分之五的滞纳金。"这说明在纳税义务十分明确的情况下，如果纳税人没有按规定期限缴纳税款，才需要缴纳滞纳金。而税收筹划是企业在纳税义务没有发生或不明确的情况下实施的一种行为，即使因为税务机关对这种行为不予认可而进行了纳税调整，也不应当向企业加收滞纳金。

2009年1月国家税务总局颁发的《特别纳税调整实施办法（试行）》（国税发〔2009〕2号）第一百零七条规定："税务机关根据所得税法及其实施条例的规定，对企业做出特别纳税调整的，应对2008年1月1日以后发生交易补征的企业所得税税款，按日加收利息"，"利息率按照税款所属纳税年度12月31日实行的与补税期间同期的中国人民银行人民币贷款基准利率（以下简称"基准利率"）加5%个百分点计算，并按一年365天折算日利息率。企业按照本办法规定提供同期资料和其他相关资料的，或者企业符合本办法第十五条的规定免于准备同期资料但根据税务机关要求提供其他相关资料的，可以只按基准利率计算加收利息。"这里之所以采取加收利息而不是加收滞纳金的办法，就是因为税收筹划与偷税有本质的不同，《中华人民共和国税收征收管理法》并没有规定对避税行为可以加收滞纳金，所以对其只能加收利息以弥补晚缴税给国家税款造成的价值损失。

最后，国家对纳税人的税收筹划行为不能采取刑事处罚。因为税收筹划行为并没有违法，所以国家一般在道德或经济层面处理避税问题，而不是将避税者绳之以法。

（四）本书对税收筹划的理解

从前面的分析中，我们已经发现税收筹划的概念有两个口径，狭义的税收筹划仅指纳税人利用税法中的税收优惠，如减免税、税前扣除、优惠税率等，来减轻纳税义务的行为；广义的税收筹划则还包含了纳税人利用税法中的漏洞、盲区或者差异来规避、减轻或推迟纳税义务的行为。但是狭义的税收筹划与广义的税收筹划之间有时没有很确切的边界，因为税收优惠利用过度就可能发生性质的转变，在很多情况下需要司法机构出面加以判定。

例如，财政部 税务总局 国家发展改革委发布的《关于延续西部大开发企业所得政策的公告》（财政部 税务总局 国家发展改革委公告 2020 年第 23 号）中规定："自 2021 年 1 月 1 日至 2030 年 12 月 31 日，对设在西部地区的鼓励类产业企业减按 15% 的税率征收企业所得税。"那么，企业到西部地区进行投资并享受 15% 的优惠税率，这属于良性税收筹划；而同时企业利用与西部地区关联企业进行的关联交易来人为地向后者转移利润，这种行为就属于恶性税收筹划。又如财政部、税务总局、科技部发布的《关于提高研究开发费用税前加计扣除比例的通知》（财税〔2018〕99 号）中规定，"企业开展研发活动中实际发生的研发费用，未形成无形资产计入当期损益的，在按规定据实扣除的基础上，在 2018 年 1 月 1 日至 2020 年 12 月 31 日期间，再按照实际发生额的 75% 在税前加计扣除"，企业根据这个规定加大研发费用开支以缩小应纳税所得额，可以节省一部分所得税，这是政府希望看到的，属于良性税收筹划。当然，如果企业在集团内进行一定的规划，让那些利润率较高的企业开展研发活动或在经营状况较好的年头增加研发费用支出，用研发费用支出来调节企业的利润水平以达到少缴纳企业所得税的目的，这实际上就具有了避税的企图。

因为税收筹划边界的模糊性，本书所指的税收筹划应当是一种广义的税收筹划，即在法律允许的范围内，纳税人以税收优惠政策的灵活运用为主体，通过对生产经营活动的调整和安排，利用税法的差异、漏洞或盲区，以规避、减少或延迟其纳税义务的一种行为。因此，对于税收筹划的初学者，应首先学习如何准确解读和应用中国税收法律制度及相关政策，同时了解真实经济活动中的涉税实务，以培养有效税收筹划的整体观和系统观。

二、税收筹划的基础

准确地把握中国税收法律制度及相关政策，是进行税收筹划的前提。纳税人不全面了解和掌握现行税法，就很难找到税收筹划的空间。因此，在进行税收筹划之前，必须从全面掌握现行税收政策入手。在学习税收法律法规及相关政策的时候，我们时常会面对几个问题：数量庞大的税收文件中，如何去寻找我们想要的内容？哪些文件是主要的，哪些是作为补充的？同样的内容出现在两个文件中且规定有不一致，应当遵循哪一个？所以，我们有必要从总体上了解中国的税收法律体系、税法的适用原则及主要的税收法律文件。

（一）中国税收法律体系

中国税法是由一系列单行税收法律法规及行政规章制度组成的体系，包括税收法律、税收法规和税收规章三个不同级次。

1. 税收法律

（1）税收法律简介

税收法律由全国人民代表大会及常务委员会制定。在税收法律体系中，税收法律具有最高的法律效力，是其他机关制定税收法规、规章的法律依据，其他各级机关制定的税收法规、规章不得与宪法和税收法律相抵触。

在国家税收中，凡是基本的、全局性的问题，例如国家税收的性质，税收法律关系中征纳双方权利与义务的确定、税种的设置，税目、税率的确定等，都由全国人民代表大会及其常务委员会以税收法律的形式制定实施，并且在全国范围内，无论对国内纳税人还是涉外纳税人都普遍适用。在现行税法中，如《中华人民共和国企业所得税法》《中华人民共和国个人所得税法》《中华人民共和国税收征收管理法》等都是税收法律。

（2）授权立法

全国人民代表大会及常务委员会根据需要授权国务院制定某些具有法律效力的暂行规定或者条例。国务院经授权立法所制定的规定或条例，具有国家法律的性质和地位，它的法律效力高于行政法规，在立法程序上需要报全国人民代表大会常务委员会备案。

授权立法在一定程度上解决了我国经济体制改革和对外开放工作需要法律保障的当务之急。税收暂行条例的制定和公布施行，也为全国人民代表大会及其常务委员会的立法工作提供了有益的经验和条件，并为在条件成熟时将这些条例上升为法律做好准备。例如，《中华人民共和国增值税暂行条例》《中华人民共和国消费税暂行条例》等，目前已经处于上升为法律的过程中。2019年11月，财政部、国家税务总局相继推出了《中华人民共和国增值税法（征求意见稿）》《中华人民共和国消费税法（征求意见稿）》，向社会公开征求意见。

2. 税收法规

（1）行政法规

国务院制定的税收行政法规作为一种法律形式，其法律效力低于宪法、法律，但高于地方法规、部门规章、地方规章，在全国范围内普遍适用。行政法规的立法目的在于保证宪法和法律的实施。行政法规不得与宪法、法律相抵触，否则无效。例如《中华人民共和国企业所得税法实施条例》《中华人民共和国个人所得税法实施条例》

《中华人民共和国税收征收管理法实施细则》等，是政府部门为实施法律而规定的操作规范或指导意见，是比较全面系统、具有长期执行效力的法规性公文。

（2）地方法规

地方人大及常委会制定的税收地方性法规不是毫无限制的，而是严格按照税收法律的授权行事。目前除了海南省、民族自治地区可以按照全国人民代表大会授权立法的规定，在遵循宪法、法律和行政法规的原则基础上制定有关税收的地方性法规外，其他省、直辖市一般都无权制定税收地方性法规。

3. 税收规章

（1）部门规章

有权制定税收部门规章的税务主管部门是财政部、国家税务总局及海关总署，其制定规章的范围包括对有关税收法律、法规的具体解释以及对税收征收管理的具体规定、办法等。税收部门规章在全国范围内具有普遍的适用效率，但不得与宪法、税收法律、行政法规相抵触。例如《中华人民共和国增值税暂行条例实施细则》是由财政部、国家税务总局制定，在全国范围内普遍适用。

（2）地方规章

地方政府制定的税收规章，必须在税收法律、法规明确授权的前提下进行，并且不得与税收法律、行政法规相抵触。没有税收法律、法规的授权，地方政府无权制定税收规章，凡是越权制定的税收规章没有法律效力。例如城市建设维护税、房产税等地方性税种的实施细则等，可由地方政府制定。

（二）税法适用原则

1. 法律优位原则

法律优位原则也称行政立法不得抵触法律原则，是指法律的效力高于法规的效力，法规的效力高于规章的效力。法律优位原则在税法中的作用主要体现在：处理不同等级税法的关系时，如果效力低的税法与效力高的税法发生冲突，效力低的税法是无效的。如《中华人民共和国企业所得税法》的效力高于《中华人民共和国企业所得税法实施条例》，因为前者是法律，后者是法规。

2. 法律不溯及既往原则

法律不溯及既往原则指一部新法实施后，对人们在新法实施之前的行为不得适用新法，而只能沿用旧法。通俗地讲，就是不能用今天的法规去约束昨天的行为。如2015年1月财政部、国家税务总局发布《关于对电池 涂料征收消费税的通知》，自

2015 年 2 月 1 日起，将电池、涂料列入消费税征收范围，在生产、委托加工和进口环节征收，适用税率均为 4%。按照本规定，2015 年 2 月 1 日后电池、涂料的生产、委托加工和进口环节需要缴纳消费税，但是对 2015 年 2 月 1 日以前的相关行为是不需要追溯的。

3. 新法优于旧法原则

新法优于旧法原则是指新法、旧法对同一事项有不同规定时，新法的效力优于旧法。其作用在于避免因法律修订带来新法、旧法对同一事项有不同的规定，而给法律适用带来的问题，为法律的更新与完善提供法律适用上的保障。该原则的适用，以新法生效实施为标志，新法生效实施后适用新法，新法实施以前包括新法公布以后尚未实施的这段时间，仍沿用旧法，新法不发生效力。

4. 特别法优于普通法原则

特别法优于普通法原则指对同一事项两部分法律分别制定一般规定和特别规定时，特别规定的效力高于一般规定的效力。本原则打破了税法效力等级的限制，如企业所得税法中对于公益性捐赠限额只有 12% 的标准，但 2019 年《关于企业扶贫捐赠所得税税前扣除政策的公告》（财政部 税务总局 国务院扶贫办公告 2019 年第 49 号）规定用于目标脱贫地区的扶贫捐赠支出，准予在计算企业所得税应纳税所得额时据实扣除。如果企业同时发生扶贫捐赠支出和其他公益性捐赠支出，在计算公益性捐赠支出年度扣除限额时，符合上述条件的扶贫捐赠支出可以不计算在内。

5. 实体从旧，程序从新原则

该原则的含义包括两个方面：一是实体税法不具备溯及力；二是程序性税法在特定条件下具备一定的溯及力。即对于一项新税法公布实施之前发生的纳税义务在新税法公布实施之后进入税款征收程序的，原则上新税法具有约束力。例如 2019 年 1 月，财政部、税务总局、发展改革委、证监会发布的《关于创业投资企业个人合伙人所得税政策问题的通知》（财税〔2019〕8 号）中规定创投企业可以选择按单一投资基金核算或者按创投企业年度所得整体核算两种方式之一，对其个人合伙人来源于创投企业的所得计算个人所得税应纳税额。创投企业选择按单一投资基金核算的，应当在完成创投企业备案的 30 日内，向主管税务机关进行核算方式备案；2019 年 1 月 1 日前已经完成创投企业备案，选择按单一投资基金核算的企业，应当在 2019 年 3 月 1 日前向主管税务机关进行核算方式备案。按照程序法从新的原则，不管是 2019 年 1 月以后设立的新创业企业还是以前设立的老企业，选择单一投资基金核算的都要办理备案手续，这项规定体现了程序性税法的溯及力。

6. 程序优于实体原则

这是关于税收争讼法的原则，其含义为在诉讼发生时税收程序法优于税收实体法适用。即纳税人通过税务行政复议或税务行政诉讼寻求法律保护的前提条件之一，是必须事先履行税务行政执法机关认定的纳税义务，而不管这项纳税义务实际上是否完全发生。

（三）我国主要的税收法律法规

目前，我国正在有条不紊地落实税收法定原则，税收立法正全面提速。党中央和全国人大已经明确，今后开征新税的，应当通过全国人大及其常委会制定相应的法律，并力争在 2020 年前完成将现行的税收条例修改上升为法律或废止的改革任务。截至 2020 年 9 月，已实现税种立法 11 项，增值税法、消费税法、关税法等立法工作也取得较大进展。同时，以前年度已经立法的税种也会随着时代的发展、社会经济的变化而不断进行修正。

我国现有税收法律（截至 2020 年 9 月底）

1.《中华人民共和国税收征收管理法》

该法于 1992 年 9 月 4 日第七届全国人民代表大会常务委员会第二十七次会议通过；根据 1995 年 2 月 28 日第八届全国人民代表大会常务委员会第十二次会议《关于修改〈中华人民共和国税收征收管理法〉的决定》第一次修正；根据 2001 年 4 月 28 日第九届全国人民代表大会常务委员会第二十一次会议第二次修订；根据 2013 年 6 月 29 日第十二届全国人民代表大会常务委员会第三次会议《全国人民代表大会常务委员会关于修改〈中华人民共和国文物保护法〉等十二部法律的决定》第三次修订；根据 2015 年 4 月 24 日第十二届全国人民代表大会常务委员会第十四次会议《全国人民代表大会常务委员会关于修改〈中华人民共和国港口法〉等七部法律的决定》第四次修订。

2.《中华人民共和国企业所得税法》

2007 年 3 月 16 日第十届全国人民代表大会第五次会议通过；根据 2017 年 2 月 24 日第十二届全国人民代表大会常务委员会第二十六次会议《全国人民代表大会常务委员会关于修改〈中华人民共和国企业所得税法〉的决定》第一次修正；根据 2018 年 12 月 29 日第十三届全国人民代表大会常务委员会第七次会议《全国人民代表大会常务委员会关于修改〈中华人民共和国电力法〉等四部法律的决定》第二次修正。

3.《中华人民共和国个人所得税法》

该法于 1980 年 9 月 10 日第五届全国人民代表大会第三次会议通过；根据 1993 年 10 月 31 日第八届全国人民代表大会常务委员会第四次会议《全国人民代表大会常务委员会关于修改〈中华人民共和国个人所得税法〉的决定》第一次修正；根据 1999 年 8 月 30 日第九届全国人民代表大会常务委员会第十一次会议《全国人民代表大会常务委员会关于修改〈中华人民共和国个人所得税法〉的决定》第二次修正；根据 2005 年 10 月 27 日第十届全国人民代表大会常务委员会第十八次会议《全国人民代表大会常务委员会关于修改〈中华人民共和国个人所得税法〉的决定》第三次修正；根据 2007 年 6 月 29 日第十届全国人民代表大会常务委员会第二十八次会议《全国人民代

表大会常务委员会关于修改〈中华人民共和国个人所得税法〉的决定》第四次修正；根据 2007 年 12 月 29 日第十届全国人民代表大会常务委员会第三十一次会议《全国人民代表大会常务委员会关于修改〈中华人民共和国个人所得税法〉的决定》第五次修正；根据 2011 年 6 月 30 日第十一届全国人民代表大会常务委员会第二十一次会议《全国人民代表大会常务委员会关于修改〈中华人民共和国个人所得税法〉的决定》第六次修正；根据 2018 年 8 月 31 日第十三届全国人民代表大会常务委员会第五次会议《全国人民代表大会常务委员会关于修改〈中华人民共和国个人所得税法〉的决定》第七次修正。

4.《中华人民共和国车船税法》

该法于 2011 年 2 月 25 日第十一届全国人民代表大会常务委员会第十九次会议通过；根据 2019 年 4 月 23 日第十三届全国人民代表大会常务委员会第十次会议《全国人民代表大会常务委员会关于修改〈中华人民共和国建筑法〉等八部法律的决定》修正。

5.《中华人民共和国环境保护税法》

该法于 2016 年 12 月 25 日第十二届全国人民代表大会常务委员会第二十五次会议通过；根据 2018 年 10 月 26 日第十三届全国人民代表大会常务委员会第六次会议《全国人民代表大会常务委员会关于修改〈中华人民共和国野生动物保护法〉等十五部法律的决定》修正。

6.《中华人民共和国烟叶税法》

该法于 2017 年 12 月 27 日第十二届全国人民代表大会常务委员会第三十一次会议通过。

7.《中华人民共和国船舶吨税法》

该法于 2017 年 12 月 27 日第十二届全国人民代表大会常务委员会第三十一次会议通过。

8.《中华人民共和国车辆购置税法》

该法于 2018 年 12 月 29 日第十三届全国人民代表大会常务委员会第七次会议通过。

9.《中华人民共和国耕地占用税法》

该法于 2018 年 12 月 29 日第十三届全国人民代表大会常务委员会第七次会议通过。

10.《中华人民共和国资源税法》

该法于 2019 年 8 月 26 日第十三届全国人民代表大会常务委员会第十二次会议通过。

11.《中华人民共和国契税法》

该法于 2020 年 8 月 11 日第十三届全国人民代表大会常务委员会第二十一次会议通过。

12.《中华人民共和国城市维护建设税法》

该法于 2020 年 8 月 11 日第十三届全国人民代表大会常务委员会第二十一次会议通过。

（四）税法解释

税法解释是保证税法灵活性、准确性、有效性的需要。税法必须保持相对的稳定性、可操作性，否则会使人们无所适从。但税法又必须与社会发展保持一致，要适应社会需要。这个矛盾可以通过法律解释来解决。

因此，在进行税收筹划时除了关注税收法律法规，还需要关注税法解释，特别是法定解释。法定解释是由国家权力机关在其职权范围内对税法做出的解释。主要包括司法解释和行政解释，由法院和检察院在适用税法过程中做出的解释称为司法解释，司法解释具有法律效力，可作为判案依据，在我国仅限于税收犯罪范围；由上级行政机关就税法的适用执行向下级机关发布的命令、指导其有关税法的解释称为行政解释，在我国主要指财政部或国家税务总局依法在其职权范围内对税法所做的解释，以及海关总署依法在其职权内对有关关税的法律规范所做的解释。行政解释不具备与被解释的税法同等的法律效力，原则上不作为判案依据，但是在执行中具有普遍约束力。

三、税收筹划的原则与思路

在熟悉中国税收法律体系、掌握税收政策具体规定后，便可以灵活地进行企业具体业务的税收筹划。税收筹划是一项综合性极强的工作，要具有较好的整体观和系统观，需注意以下的原则和思路。

（一）税收筹划的原则

1. 战略原则

企业从事税务筹划一定要以企业的经营战略为出发点，不能为了实现税收的最小化而干扰企业经营战略的实施。但是企业在制定经营战略时也要充分考虑税收因素，因为税收会影响企业税收利润，税负水平也会影响企业的竞争力。

例如，企业的经营战略是在东南沿海从事出口加工业务，但国家出台了西部大开发的税收优惠政策，那么企业是否要迁到西部去发展？又如一个企业集团要从事技术研发，应当让高税区（25%）的企业从事这项研发工作，还是让低税区（15%）的企业从事研发？这些事项一定要站在企业经营战略的高度去进行决策。

2. 预测原则

企业在经营管理过程中通常要预测竞争对手和市场的各种变化，而在税收管理和税务筹划的过程中同样要预测政府的税制变化。预测的原则不仅体现在预测税制的变化上，还可以体现在预测企业自身经营状况的变化上。

例如，企业预测下一年企业所得税的税率要降低，那么一些原计划在下一年采购的项目或开支的费用就应当提前到本年度来安排，也就是让企业将更多的应税所得推到第二年实现。2008年我国企业所得税从33%调到25%，企业如果在2007年预测到这次改变，便可以进行这样的安排。

又如在"营改增"前，金融业一直缴纳5%的营业税改缴增值税后适用税率为6%。如果企业有充分的进项税额用于抵扣，其流转税的税负就不会增加，甚至可能降低。所以金融企业在"营改增"前不应当大量外购货物或不动产，否则"营改增"后就没有那么多进项税额可用于抵扣，其流转税的税负很就可能提高。

3. 增值原则

企业经营的目标是企业价值最大化，而纳税是企业资金流出的一种形式，会减少企业的价值。如果企业的某项交易的税收后果是增加总的纳税义务，那么新增的税收成本就可以被视为该交易带来的现金流出；反之，如果一笔交易减少了企业总的纳税义务，那么这种减少税收所带来的利益就可以被视为该交易带来的现金流入，从而会增加企业的价值。还有一种情况，即企业的一项交易虽然没有减少总的纳税义务但推迟了纳税义务，那么从贴现的角度看，也会增加企业的价值。可见，少缴税、晚缴税甚至不缴税，都会增加企业的价值，从利润管理的角度都会提高企业的税收净利润率。所以税款"能少缴就少缴""能晚缴就晚缴"。这里的"少缴"和"晚缴"都不能违反税法的规定，是在制度允许的范围内进行的。在具体操作上，就是尽量推迟应税销售额（所得）的实现，或者加速进行税额（费用）的扣除。

例如，企业要在未来三年缴纳600万元税款，一种选择是每年缴纳200万元，而另一种选择是前两年免缴而第三年一次性缴纳600万元。如果贴现率是10%，那么第一种选择的税款现值是497.4万元（保留小数点后一位）（200×0.909 1+200×0.826 4+200×0.751 3），第二种选择的税款现值是450.8万元（保留小数点后一位）（600×0.751 3）。显然，第二种晚缴方案节税额的现值为46.6万元。

又如存货成本的计价方法是企业会计政策的重要内容。企业通过制定不同的计价方法，可以达到节税的目的。在通货膨胀严重时，采用后进先出法对企业比较有利，因为此时后购进货物（原材料等）的价格较高，用后购进货物的较高价格来计算制造成本，企业的利润水平就会下降，应缴纳的企业所得税也会相应减少；反之，在物价水平不断降低的条件下，采用先进先出法对企业节税就比较有利。

再如将当期取得的应税收入推迟到以后实现，从而将纳税义务延迟。美国过去的所得税法规定，如果美国居民企业从海外取得的利润不汇回美国，则不用在美国纳税，什么时候汇回什么时候再纳税。因为有这个规定，大量的美国公司将利润滞留在海外，从而推迟它们的纳税义务。

4. 谈判原则

谈判分为企业与自己的交易对手就交易价格进行的谈判以及企业与政府的财政部门就税收待遇进行的谈判。前一种谈判的主要目的是争取把自己缴纳的税款转嫁出去，以减轻自己的税负；后一种谈判的主要目的是向财税部门多争取一些税收优惠，以减轻自己的纳税义务。与政府的财税部门谈判以争取到尽可能多的税收利益是企业税务筹划管理的一个重要内容。当然，能与政府财税部门坐下来谈判的只能是大企业，这些大企业上缴的税收是国家重要的税收来源，所以它们有一定的话语权。此外，政府为了多得到就业岗位或实现一定的社会经济政策，可能也愿意放弃一部分税收。

例如，《财政部 国家税务总局关于房产税和车船使用税几个业务问题的解释与规定》（财税地字〔1987〕3 号）规定："房屋是指有屋面和围护结构（有墙或两边有柱），能够遮风避雨，可供人们在其中生产、工作、学习、娱乐、居住或储藏物资的场所。"根据这个定义，加油站的罩棚也属于房产，也要缴纳房产税，这样就加大了石油企业的税收负担。后来，经过与石油企业的谈判，财税部门在 2008 年下发了《财政部 国家税务总局关于加油站罩棚房产税问题的通知》（财税〔2008〕123 号），明确规定："加油站罩棚不属于房产，不征收房产税。"

税法中的自由裁量权也是纳税人通过谈判降低税负的重要途径。如果税收的法律法规"严丝合缝"，没有任何理解或操作上的空间，那么通过谈判取得税收利益是很难成功的。虽然各级税收立法部门不断完善税收的法律法规，但是税法中的自由裁量仍然大量存在。随着经济发展中新方法、新技术、新领域不断涌现，各方对相关业务的税收理解可能会存在差异，因此也存在谈判的空间。

例如《财政部 国家税务总局关于上市公司高管人员股票期权所得缴纳个人所得税有关问题的通知》（财税〔2009〕40 号）规定："一、上市公司高管人员取得股票期权所得，应按照《财政部 国家税务总局关于个人股票期权所得征收个人所得税问题的通知》（财税〔2005〕35 号）和《国家税务总局关于个人股票期权所得缴纳个人所得税有关问题的补充通知》（国税函〔2006〕902 号）的有关规定，计算个人所得税应纳税额。二、对上市公司高管人员取得股票期权在行权时，纳税确有困难的，经主管税务机关审核，可自其股票期权行权之日起，在不超过 6 个月的期限内分期缴纳个人所得税。"延期纳税是税务筹划中很重要的方法，如果纳税人的股票期权已经行权，但可以推迟几个月再纳税，就可以从中取得一定的利益。但是，财税〔2005〕35 号文并没有规定纳税人在什么情况下才属于"纳税确有困难"，这实际上也给主管税务机关和具体的税务人员提供了执法空间。

（二）税收筹划的思路

想要做好企业的税收筹划，必须把握好以下三个结合点：

1. 单项筹划与综合筹划相结合

从整体来看，税收筹划并不僵硬死板，而是充满了灵活性，具有广泛的适应性和强大的生命力。从计税依据到纳税地点的选择，从某一税种到企业应纳的所有税种，从税收筹划点到筹划技术的运用，从纳税人应承担的义务到享有的权利，从国内税收到涉外税收等许多领域，都可以进行筹划和操作。税收筹划要考虑企业整体税负的下降，不能只注意一个或几个税种，必须综合权衡，统筹安排。

2. 微观筹划与宏观筹划相结合

税收差别政策为税收筹划提供了可能，会计政策的可选择性为税收筹划提供了空间。宏观筹划可以根据国家产业发展导向，参考同区域、同行业、同规模的税负情况、整体纳税情况，认真分析税负差异，制定切实可行的筹划方案。而微观筹划则可以从某一个税种的某一个环节入手，采取局部技术革新和改进，达到局部节税。微观筹划是基础，宏观筹划是方向。通过微观筹划认清方向，逐步完善推广，达到宏观筹划，以实现整体节税。

3. 项目筹划与经营筹划相结合

税收筹划是在一定法律环境下，以企业经营活动为背景制定的节税方案，有极强的针对性。企业创立之初或项目开始时，就开展税收筹划，便可充分享受国家产业政策带来的利好。在企业具体经营活动中，也需要了解企业从事的业务涉及哪些税种，以及与之相适应的税收政策、法律和法规、执行税率、税收优惠政策等。在了解这些情况后，才能准确、有效地利用这些因素来开展税收筹划，以达到节税目的。

专题二 | 税种税收筹划

从理论上来说，税收筹划可以针对一切税种，但由于不同税种的性质不同、税收筹划的途径、方法及受益也不同。因此，只有在精心研究各个税种的性质、法律规定以及了解各种税种在经济活动不同环节中的地位和影响的基础上，才能做到综合衡量、统筹考虑，选择最优的筹划方案，取得尽可能大的受益。我国目前开征的 18 个税种中，个人所得税、企业所得税、增值税、消费税这四个税种因涉及面广、税源丰富，往往是企业开展税收筹划的重点。

一、个人所得税税收筹划

（一）基本法律政策及重点条款解读

1. 基本法律政策

与个人所得税税收筹划相关的基本法律政策有《中华人民共和国个人所得税法》《中华人民共和国个人所得税法实施条例》

2. 重点条款解读

《中华人民共和国个人所得税法》中规定：

第一条　在中国境内有住所，或者无住所而一个纳税年度内在中国境内居住累计满一百八十三天的个人，为居民个人。居民个人从中国境内和境外取得的所得，依照本法规定缴纳个人所得税。

在中国境内无住所又不居住，或者无住所而一个纳税年度内在中国境内居住累计不满一百八十三天的个人，为非居民个人。非居民个人从中国境内取得的所得，依照本法规定缴纳个人所得税。

纳税年度，自公历一月一日起至十二月三十一日止。

第二条　下列各项个人所得，应当缴纳个人所得税：

（一）工资、薪金所得；

（二）劳务报酬所得；

（三）稿酬所得；

（四）特许权使用费所得；

（五）经营所得；

（六）利息、股息、红利所得；

（七）财产租赁所得；

（八）财产转让所得；

（九）偶然所得。

居民个人取得前款第一项至第四项所得（以下称综合所得），按纳税年度合并计算个人所得税；纳税人取得前款第五项至第九项所得，依照本法规定分别计算个人所得税。

第三条　个人所得税的税率：

（一）个人综合所得，适用百分之三至百分之四十五的超额累进税率；

（二）经营所得，适用百分之五至百分之三十五的超额累进税率；

（三）利息、股息、红利所得，财产租赁所得，财产转让所得和偶然所得，适用比例税率，税率为百分之二十。

第六条　应纳税所得额计算：

（一）居民个人的综合所得，以每一纳税年度的收入额减除费用六万元以及专项扣除、专项附加扣除和依法确定的其他扣除后的余额，为应纳税所得额。

（三）经营所得，以每一纳税年度的收入总额减除成本、费用以及损失后的余额，为应纳税所得额。

（四）财产租赁所得，每次收入不超过四千元的，减除费用八百元；四千元以上的，减除百分之二十的费用，其余额为应纳税所得额。

（五）财产转让所得，以转让财产的收入额减除财产原值和合理费用后的余额，为应纳税所得额。

（六）利息、股息、红利所得和偶然所得，以每次收入额为应纳税所得额。

劳务报酬所得、稿酬所得、特许权使用费所得以收入减除百分之二十的费用后的余额为收入额。稿酬所得的收入额减按百分之七十计算。

（二）充分利用专项附加扣除的税收筹划

1. 相关政策及解读

《个人所得税专项附加扣除暂行办法》（国发〔2018〕41号）中规定：

第二条　本办法所称个人所得税专项附加扣除，是指个人所得税法规定的子女教育、继续教育、大病医疗、住房贷款利息或者住房租金、赡养老人等6项专项附加扣除。

第二章　子女教育

第五条　纳税人的子女接受全日制学历教育的相关支出，按照每个子女每月1 000元的标准定额扣除。

学历教育包括义务教育（小学、初中教育）、高中阶段教育（普通高中、中等职业、技工教育）、高等教育（大学专科、大学本科、硕士研究生、博士研究生教育）。

年满3岁至小学入学前处于学前教育阶段的子女，可按本规定执行。

第六条　父母可以选择由其中一方按扣除标准的100%扣除，也可以选择由双方分别按扣除标准的50%扣除，具体扣除方式在一个纳税年度内不能变更。

第三章 继续教育

第八条 纳税人在中国境内接受学历（学位）继续教育的支出，在学历（学位）教育期间按照每月 400 元定额扣除。同一学历（学位）继续教育的扣除期限不能超过 48 个月。纳税人接受技能人员职业资格继续教育、专业技术人员职业资格继续教育的支出，在取得相关证书的当年，按照 3 600 元定额扣除。

第九条 个人接受本科及以下学历（学位）继续教育，符合本办法规定扣除条件的，可以选择由其父母扣除，也可以选择由本人扣除。

第四章 大病医疗

第十一条 在一个纳税年度内，纳税人发生的与基本医保相关的医药费用支出，扣除医保报销后个人负担（指医保目录范围内的自付部分）累计超过 15 000 元的部分，由纳税人在办理年度汇算清缴时，在 80 000 元限额内据实扣除。

第十二条 纳税人发生的医药费用支出可以选择由本人或者其配偶扣除；未成年子女发生的医药费用支出可以选择由其父母一方扣除。

纳税人及其配偶、未成年子女发生的医药费用支出，按本办法第十一条规定分别计算扣除额。

第五章 住房贷款利息

第十四条 纳税人本人或者配偶单独或者共同使用商业银行或者住房公积金个人住房贷款为本人或者其配偶购买中国境内住房，发生的首套住房贷款利息支出，在实际发生贷款利息的年度，按照每月 1 000 元的标准定额扣除，扣除期限最长不超过 240 个月。纳税人只能享受一次首套住房贷款的利息扣除。

本办法所称首套住房贷款是指购买住房享受首套住房贷款利率的住房贷款。

第十五条 经夫妻双方约定，可以选择由其中一方扣除，具体扣除方式在一个纳税年度内不能变更。

夫妻双方婚前分别购买住房发生的首套住房贷款，其贷款利息支出，婚后可以选择其中一套购买的住房，由购买方按扣除标准的 100% 扣除，也可以由夫妻双方对各自购买的住房分别按扣除标准的 50% 扣除，具体扣除方式在一个纳税年度内不能变更。

第六章 住房租金

第十七条 纳税人在主要工作城市没有自有住房而发生的住房租金支出，可以按照以下标准定额扣除：

（一）直辖市、省会（首府）城市、计划单列市以及国务院确定的其他城市，扣除标准为每月 1 500 元；

（二）除第一项所列城市以外，市辖区户籍人口超过 100 万的城市，扣除标准为每月 1 100 元；市辖区户籍人口不超过 100 万的城市，扣除标准为每月 800 元。

纳税人的配偶在纳税人的主要工作城市有自有住房的，视同纳税人在主要工作城市有自有住房。

市辖区户籍人口，以国家统计局公布的数据为准。

第十八条 主要工作城市是指纳税人任职受雇的直辖市、计划单列市、副省级城市、地级市（地区、州、盟）全部行政区域范围；纳税人无任职受雇单位的，为受理其综合所得汇算清缴的税务机关所在城市。

夫妻双方主要工作城市相同的，只能由一方扣除住房租金支出。

第十九条 住房租金支出由签订租赁住房合同的承租人扣除。

第二十条 纳税人及其配偶在一个纳税年度内不能同时分别享受住房贷款利息和住房租金专项附加扣除。

第七章 赡养老人

第二十二条 纳税人赡养一位及以上被赡养人的赡养支出，统一按照以下标准定额扣除：

（一）纳税人为独生子女的，按照每月 2 000 元的标准定额扣除；

（二）纳税人为非独生子女的，由其与兄弟姐妹分摊每月 2 000 元的扣除额度，每人分摊的额度不能超过每月 1 000 元。可以由赡养人均摊或者约定分摊，也可以由被赡养人指定分摊。约定或者指定分摊的须签订书面分摊协议，指定分摊优先于约定分摊。具体分摊方式和额度在一个纳税年度内不能变更。

第二十三条　被赡养人是指年满 60 岁的父母，以及子女均已去世的年满 60 岁的祖父母、外祖父母。

2. 案例分析

案例一：张先生和张太太有一儿一女，儿子读幼儿园大班，女儿读小学四年级。2019 年度，张先生的应纳税所得额为 10 万元，张太太的应纳税所得额为 3 万元（两人都尚未考虑子女教育专项附加扣除）。如何申报子女教育专项附加扣除对家庭来说最优？

分析：张先生与张太太均可以申报子女教育专项附加扣除，但是两人的工资水平不同，所适用的个人所得税税率也不同。因此这个家庭申报子女教育专项附加扣除的不同方式，会产生不同的节税效果。

方案一：张先生与张太太因疏忽而忘记申报子女教育专项附加扣除。

张先生应纳个人所得税 = 100 000×10%−2 520 = 7 480 元；张太太应纳个人所得税 = 30 000×3% = 900 元；2019 年家庭合计纳税 8 380 元。

方案二：由张太太申报两个子女教育专项附加扣除 2.4 万元。

张先生应纳个人所得税 = 100 000×10%−2 520 = 7 480 元；张太太应纳个人所得税 = （30 000−24 000）×3% = 180 元；2019 年家庭合计纳税 7 660 元。

方案三：张先生和张太太各申报一个子女教育专项附加扣除 1.2 万元。

张先生应纳个人所得税 = （100 000−12 000）×10%−2 520 = 6 280 元；张太太应纳个人所得税 = （30 000−12 000）×3% = 540 元；2019 年家庭合计纳税 6 820 元。

方案四：由张先生申报两个子女教育专项附加扣除 2.4 万元。

张先生应纳个人所得税 = （100 000−24 000）×10%−2 520 = 5 080 元；张太太应纳个人所得税 = 30 000×3% = 900 元；2019 年家庭合计纳税 5 980 元。

对比以上四个方案，方案四最优。对张先生家庭而言，2.4 万元的子女教育费专项附加扣除抵税的最大额度就是 2 400 元。

案例二：王先生和王太太因女儿突发重大疾病，2019 年花费医疗费 10 万元，全部由自己负担。王先生和王太太本人当年并未产生自负医疗费。2019 年度，张先生的应纳税所得额为 10 万元，张太太的应纳税所得额为 3 万元（两人都尚未考虑大病医疗专项附加扣除）。如何申报大病医疗专项附加扣除对家庭来说最优？

分析：王先生与王太太均可以申报女儿重大疾病的大病医疗专项附加扣除，但是两人的工资水平不同，所适用的个人所得税税率也不同。因此这个家庭申报大病医疗专项附加扣除的不同方式，会产生不同的节税效果。

方案一：王先生和王太太因疏忽而忘记申报大病医疗专项附加扣除。

王先生应纳个人所得税 = 100 000×10%－2 520 = 7 480 元；张太太应纳个人所得税 = 30 000×3% = 900 元；2019 年家庭合计纳税 8 380 元。

方案二：由王太太申报大病医疗专项附加扣除 8 万元。

王先生应纳个人所得税 = 100 000×10%－2 520 = 7 480 元；王太太应纳个人所得税 0 元；2019 年家庭合计纳税 7 480 元。

方案三：由王先生申报大病医疗专项附加扣除 8 万元。

王先生应纳个人所得税 = （100 000－80 000）×3% = 600 元；王太太应纳个人所得税 = 30 000×3% = 900 元；2019 年家庭合计纳税 1 500 元。

对比以上三个方案，方案三最优。对王先生家庭而言，8 万元的大病医疗专项附加扣除抵税的最大额度就是 6 880 元。

案例三：丁先生和丁太太均年满 60 岁，其三个子女分别为丁一、丁二和丁三。2019 年度，丁一的应纳税所得额为 10 万元，丁二的应纳税所得额为 3 万元，丁三的应纳税所得额为 0。以上税额均未考虑赡养老人专项附加扣除。如何申报赡养老人专项附加扣除对家庭来说最优？

分析：丁先生和丁太太的三个子女丁一、丁二、丁三均可以申报赡养老人专项附加扣除，但是三人的工资水平不同，所适用的个人所得税税率也不同。因此三个子女申报赡养老人的不同方式，会产生不同的节税效果。

方案一：三位子女因疏忽而忘记申报赡养老人专项附加扣除。

丁一应纳个人所得税 = 100 000×10%－2 520 = 7 480 元；丁二应纳个人所得税 = 30 000×3% = 900 元；丁三应纳个人所得税 0 元；2019 年家庭合计纳税 8 380 元。

方案二：由丁二申报赡养老人专项附加扣除 1.2 万元。

丁一应纳个人所得税 = 100 000×10%－2 520 = 7 480 元；丁二应纳个人所得税 = （30 000－12 000）×3% = 540 元；丁三应纳个人所得税 0 元；2019 年家庭合计纳税 8 020元。

方案三：由丁一申报赡养老人专项附加扣除 1.2 万元。

丁一应纳个人所得税＝（100 000－12 000）×10%－2 520＝6 280 元；丁二应纳个人所得税＝30 000×3%＝900 元；丁三应纳个人所得税 0 元；2019 年家庭合计纳税 7 180元。

方案四：由丁一和丁二各申报赡养老人专项附加扣除1.2 万元。

丁一应纳个人所得税＝（100 000－12 000）×10%－2 520＝6 280 元；丁二应纳个人所得税＝（30 000－12 000）×3%＝540 元；丁三应纳个人所得税 0 元；2019 年家庭合计纳税 6 820 元。

对比以上四个方案，方案四最优。对丁先生家庭而言，2.4 万元的赡养老人专项附加扣除抵税的最大额度就是 1 560 元。

3. 小结

凡是家庭中有专项附加扣除列出的项目，都应当积极申报。由于扣除可以在家庭成员中选择一方进行，因此税率高的一方全额申报，税率低的一方不申报。对多兄弟姐妹的家庭，应由税率最高的两位分别申报。

（三）经营所得的税收筹划

1. 相关政策及解读

《个人所得税法实施条例》中规定：

第六条　个人所得税法规定的各项个人所得的范围：

（五）经营所得，是指：

1. 个体工商户从事生产、经营活动取得的所得，个人独资企业投资人、合伙企业的个人合伙人来源于境内注册的个人独资企业、合伙企业生产、经营的所得；

2. 个人依法从事办学、医疗、咨询以及其他有偿服务活动取得的所得；

3. 个人对企业、事业单位承包经营、承租经营以及转包、转租取得的所得；

4. 个人从事其他生产、经营活动取得的所得。

第十五条　取得经营所得的个人，没有综合所得的，计算其每一纳税年度的应纳税所得额时，应当减除费用 6 万元、专项扣除、专项附加扣除以及依法确定的其他扣除。专项附加扣除在办理汇算清缴时减除。

从事生产、经营活动，未提供完整、准确的纳税资料，不能正确计算应纳税所得额的，由主管税务机关核定应纳税所得额或者应纳税额。

《关于个人独资企业和合伙企业投资者征收个人所得税的规定》（财税〔2000〕91 号）中规定：

第二条　本规定所称个人独资企业和合伙企业是指：

（一）依照《中华人民共和国个人独资企业法》和《中华人民共和国合伙企业法》登记成立的个人独资企业、合伙企业；

（二）依照《中华人民共和国私营企业暂行条例》登记成立的独资、合伙性质的私营企业；

（三）依照《中华人民共和国律师法》登记成立的合伙制律师事务所；

（四）经政府有关部门依照法律法规批准成立的负无限责任和无限连带责任的其他个人独资、个人合伙性质的机构或组织。

第三条　个人独资企业以投资者为纳税义务人，合伙企业以每一个合伙人为纳税义务人（以下简称投资者）。

第四条　个人独资企业和合伙企业（以下简称企业）每一纳税年度的收入总额减除成本、费用以及损失后的余额，作为投资者个人的生产经营所得，比照个人所得税法的"个体工商户的生产经营所得"应税项目，适用5%～35%的五级超额累进税率，计算征收个人所得税。

前款所称收入总额，是指企业从事生产经营以及与生产经营有关的活动所取得的各项收入，包括商品（产品）销售收入、营运收入、劳务服务收入、工程价款收入、财产出租或转让收入、利息收入、其他业务收入和营业外收入。

第五条　个人独资企业的投资者以全部生产经营所得为应纳税所得额；合伙企业的投资者按照合伙企业的全部生产经营所得和合伙协议约定的分配比例确定应纳税所得额，合伙协议没有约定分配比例的，以全部生产经营所得和合伙人数量平均计算每个投资者的应纳税所得额。

前款所称生产经营所得，包括企业分配给投资者个人的所得和企业当年留存的所得（利润）。

第七条　有下列情形之一的，主管税务机关应采取核定征收方式征收个人所得税：

（一）企业依照国家有关规定应当设置但未设置账簿的；

（二）企业虽设置账簿，但账目混乱或者成本资料、收入凭证、费用凭证残缺不全，难以查账的；

（三）纳税人发生纳税义务，未按照规定的期限办理纳税申报，经税务机关责令限期申报，逾期仍不申报的。

第八条　第七条所说核定征收方式，包括定额征收、核定应税所得率征收以及其他合理的征收方式。

第九条　实行核定应税所得率征收方式的，应纳所得税额的计算公式如下：

应纳所得税额＝应纳税所得额×适用税率

应纳税所得额＝收入总额×应税所得率

或　　　　　＝成本费用支出额÷（1-应税所得率）×应税所得率

应税所得率应按下表规定的标准执行：

应税所得率表

行业	应税所得率/%
工业、交通运输业、商业	5～20
建筑业、房地产开发业	7～20
饮食服务业	7～25
娱乐业	20～40
其他行业	10～30

企业经营多业的，无论其经营项目是否单独核算，均应根据其主营项目确定其适用的应税所得率。

第十条　实行核定征税的投资者，不能享受个人所得税的优惠政策。

《关于合伙企业合伙人所得税问题的通知》（财税〔2008〕159号）中规定：

合伙企业以每一个合伙人为纳税义务人。合伙企业合伙人是自然人的，缴纳个人所得税；合伙人是法人和其他组织的，缴纳企业所得税。

合伙企业生产经营所得和其他所得采取"先分后税"的原则。合伙企业的合伙人按照下列原则确定应纳税所得额：

合伙企业的合伙人以合伙企业的生产经营所得和其他所得，按照合伙协议约定的分配比例确定应纳税所得额。

合伙协议未约定或者约定不明确的，以全部生产经营所得和其他所得，按照合伙人协商决定的分配比例确定应纳税所得额。

协商不成的，以全部生产经营所得和其他所得，按照合伙人实缴出资比例确定应纳税所得额。

无法确定出资比例的，以全部生产经营所得和其他所得，按照合伙人数量平均计算每个合伙人的应纳税所得额。

合伙协议不得约定将全部利润分配给部分合伙人。

《个体工商户个人所得税计税办法》（2014年12月27日国家税务总局令第35号公布，根据2018年6月15日《国家税务总局关于修改部分税务部门规章的决定》修正）中规定：

第二条 实行查账征收的个体工商户应当按照本办法的规定，计算并申报缴纳个人所得税。

第三条 本办法所称个体工商户包括：

（一）依法取得个体工商户营业执照，从事生产经营的个体工商户；

（二）经政府有关部门批准，从事办学、医疗、咨询等有偿服务活动的个人；

（三）其他从事个体生产、经营的个人。

第四条 个体工商户以业主为个人所得税纳税义务人。

第七条 个体工商户的生产、经营所得，以每一纳税年度的收入总额，减除成本、费用、税金、损失、其他支出以及允许弥补的以前年度亏损后的余额，为应纳税所得额。

第十六条 个体工商户生产经营活动中，应当分别核算生产经营费用和个人、家庭费用。对于生产经营与个人、家庭生活混用难以分清的费用，其40%视为与生产经营有关费用，准予扣除。

第二十一条 个体工商户实际支付给从业人员的、合理的工资薪金支出，准予扣除。个体工商户业主的工资薪金支出不得税前扣除。

第四十条 个体工商户有两处或两处以上经营机构的，选择并固定向其中一处经营机构所在地主管税务机关申报缴纳个人所得税。

《关于实施小微企业普惠性税收减免政策的通知》（财税〔2019〕13号）中规定：

二、对小型微利企业年应纳税所得额不超过100万元的部分，减按25%计入应纳税所得额，按20%的税率缴纳企业所得税；对年应纳税所得额超过100万元但不超过300万元的部分，减按50%计入应纳税所得额，按20%的税率缴纳企业所得税。

上述小型微利企业是指从事国家非限制和禁止行业，且同时符合年度应纳税所得额不超过300万元、从业人数不超过300人、资产总额不超过5 000万元等三个条件的企业。

六、本通知执行期限为2019年1月1日至2021年12月31日。

2. 经营者身份的选择

经营者对自己身份的不同选择，直接影响到税负的高低及所适用的政策。经营者在注册的时候，可以选择注册成为个体工商户、个人独资企业、合伙企业或公司。个体工商户、个人独资企业、合伙企业需要缴纳个人所得税。公司则需要先就利润缴纳企业所得税，在利润分配时还要缴纳个人所得税。

目前我国对小微企业的企业所得税给予了较大的税收优惠，各地区为了吸引人才往往会有个人所得税优惠政策。因此，个体工商户、个人独资企业、合伙企业或公司都是经营者可以考虑的范围，要根据经营的状况来选择税负最低的、对经营者最有利的方式。

个人独资企业是目前广受关注的一种形式。个人独资企业介于个体工商户和公司之间，是由一个自然人投资，财产为投资人个人所有，投资人以其个人猜测对企业债务承担无限责任的经济实体。个人独资企业的典型特征是个人经营、自负盈亏和自担风险。个人独资企业的经营范围比较广泛和灵活，主要集中在服务业领域。个人独资企业具有两个税收优势：一是相比有限责任公司，个人独资企业征税环节单一，利润只需要缴纳个人所得税；二是相比个体工商户，特定的地区允许个人独资企业核定征收个人所得税，税负相对较低。

3. 案例分析

案例一：2018 年度秦先生注册了一家个体工商户从事餐饮，每月销售额为 10 万元，按税法规定允许扣除的各项费用为 2 万元。秦先生的妻子、儿子、媳妇也在该餐馆帮忙，但考虑是一家人，并未领取工资。2019 年度的收支情况预计与 2018 年度相同，秦先生应如何筹划才能使家庭收入最优？

分析：合伙企业经营所得应纳税所得额的计算方法与个体工商户相同，略有区别的是，合伙企业的应纳税所得额会按照比例分配给每个合伙人，由合伙人计算缴纳个人所得税。由于增加一个合伙人就可以增加基本扣除 6 万元，合伙企业的合伙人越多，每个合伙人缴纳的个人所得税就越少。

秦先生、妻子和儿子、媳妇均在自家餐馆工作，采用妻子和儿子、媳妇不领工资，秦先生按个体工商户经营所得缴纳个人所得税的方式。如果采用妻子和儿子、媳妇领工资的方式，这部分工资作为成本可以从个体工商户经营所得中扣除，减少秦先生的应纳税额，也可以考虑将个体工商户变为合伙企业，通过组织形式变化，员工转变为合伙人，将集中于一个人的税收分散于四个人，降低适用税率，减少应纳税额。

方案一：继续 2018 年度的经营模式，即其妻子继续在餐馆帮忙，但不领取工资。

秦先生 2019 年度经营所得应纳税所得额 =（10-2）×12 = 96 万元，应当缴纳个人所得税 =（96-6）×35%-6.55 = 24.95 万元

方案二：秦先生的妻子、儿子、媳妇作为员工，每月领取 5 000 元的工资。

秦先生 2019 年度经营所得应纳税所得额 =（10-2-1.5）×12 = 78 万元，应当缴纳

个人所得税＝（78-6）×35%-6.55＝18.65万元。

方案三：秦先生将个体工商户变成合伙企业，秦先生与妻子、儿子、媳妇均为合伙人，每人的份额相同。至于实际如何分配该利润，可以通过家庭协议来约定。

每个合伙人2019年度经营所得应纳税所得额＝（10-2）×12/4＝24万元，应当缴纳个人所得税＝（24-6）×20%-1.05＝2.55万元。秦先生家庭四人合计纳税10.2万元。

对比以上三个方案，以方案三为最优。对秦先生家庭而言，方案三比方案一少纳税14.75万元。

案例二：王女士在某小学附近开办了"小饭桌"，性质为个体工商户。2019年预计可以取得经营所得应纳税所得额100万元。王女士应如何筹划以使收入最优？

分析：个体工商户的所得应缴纳个人所得税，而一人有限公司的所得应缴纳企业所得税，两者有较大的差异。我国对小微企业的所得税税率已经低于个体工商户，可考虑个体工商户将其性质转变为一人有限责任公司来降低税负。

方案一：该"小饭桌"继续保持个体工商户的性质。

王女士需要缴纳个人所得税＝100×35%-6.55＝28.45万元。

方案二：将"小饭桌"注册为一人有限责任公司，税后利润全部分配。

"小饭桌"公司需要缴纳企业所得税＝100×25%×20%＝5万元，王女士取得税后利润需要缴纳个人所得税＝（100-5）×20%＝19万元，合计应缴纳24万元的税款。

方案三：将"小饭桌"注册为一人有限责任公司，税后利润保留在公司，不做分配。

"小饭桌"公司需要缴纳企业所得税＝100×25%×20%＝5万元。

对比以上三个方案，以方案三为最优。对王女士而言，方案三比方案一少纳税23.45万元。

案例三：刘先生准备创立一家公关咨询服务企业，预计年收入800万元，成本为500万元，利润为300万元。刘先生应如何筹划最为有利？

分析：刘先生可以考虑成立一人有限公司或个人独资企业。成立一人有限公司可以享受小型微利企业的企业所得税优惠政策，但分红时还需缴纳个人所得税。成立个人独资企业，只缴纳个人所得税。如果经营者账目不健全，无法准确核算成本利润，税务机关对个人独资企业可以采用核定征收的方式征收个人所得税。

方案一：假设刘先生注册成立一人有限公司，以公司方式提供公关咨询服务。

公司需要缴纳企业所得税＝100×25%×20%＋200×50%×20%＝25 万元，刘先生取得税后利润需要缴纳个人所得税＝（300－25）×20%＝55 万元，合计应缴纳税款为 80 万元。

方案二：假设刘先生注册成立个人独资企业，税务机关对该企业采用查账征收的办法。

刘先生需要缴纳个人所得税＝300×35%－6.55＝98.45 万元。

方案三：假设刘先生成立个人独资企业，但因账目不健全，无法准确核算成本利润，税务机关对其采用核定征收的办法，核定应税所得率是 30%。

刘先生需要缴纳个人所得税＝800×30%×35%－6.55＝77.45 万元。

通过以上三个方案的对比，可见刘先生采用方案三最为有利。但是个人独资企业的核定征收政策具有区域性和暂时性，不适合做长期结构安排。

（四）不动产转让所得的税收筹划

1. 相关政策及解读

《财政部 国家税务总局关于个人所得税若干政策问题的通知》（财税字〔1994〕20 号）中规定：

　　个人转让自用达五年以上、并且是唯一的家庭生活用房取得的所得，暂免征收个人所得税。

《财政部 国家税务总局 建设部关于个人出售住房所得征收个人所得税有关问题的通知》（财税字〔1999〕278 号）中规定：

　　个人出售自有住房取得的所得应按照"财产转让所得"项目征收个人所得税。对个人转让自用 5 年以上、并且是家庭唯一生活用房取得的所得，继续免征个人所得税。

《财政部 国家税务总局关于个人无偿受赠房屋有关个人所得税问题的通知》财税〔2009〕78 号中规定：

　　以下情形的房屋产权无偿赠与，对当事双方不征收个人所得税：房屋产权所有人将房屋产权无偿赠与配偶、父母、子女、祖父母、外祖父母、孙子女、外孙子女、兄弟姐妹；房屋产权所有人将房屋产权无偿赠与对其承担直接抚养或者赡养义务的抚养人或者赡养人；房屋产权所有人死亡，依法取得房屋产权的法定继承人、遗嘱继承人或者受遗赠人。

　　对受赠人无偿受赠房屋计征个人所得税时，其应纳税所得额为房地产赠与合同上标明的赠与房屋价值减除赠与过程中受赠人支付的相关税费后的余额。赠与合同标明的房屋价值明显低于市场价格或房地产赠与合同未标明赠与房屋价值的，税务机关可依据受赠房屋的市场评估价格或采取其他合理方式确定受赠人的应纳税所得额。

　　受赠人转让受赠房屋的，以其转让受赠房屋的收入减除原捐赠人取得该房屋的实际购置成本以及赠与和转让过程中受赠人支付的相关税费后的余额，为受赠人的应纳税所得额，依法计征个人所得税。受赠人转让受赠房屋价格明显偏低且无正当理由的，税务机关可以依据该房屋的市场评估价格或其他合理方式确定的价格核定其转让收入。

《国家税务总局关于个人住房转让所得征收个人所得税有关问题的通知》（国税发〔2006〕108号）中规定：

一、对住房转让所得征收个人所得税时，以实际成交价格为转让收入。纳税人申报的住房成交价格明显低于市场价格且无正当理由的，征收机关依法有权根据有关信息核定其转让收入，但必须保证各税种计税价格一致。

二、对转让住房收入计算个人所得税应纳税所得额时，纳税人可凭原购房合同、发票等有效凭证，经税务机关审核后，允许从其转让收入中减除房屋原值、转让住房过程中缴纳的税金及有关合理费用。

（一）房屋原值具体为：

1. 商品房：购置该房屋时实际支付的房价款及交纳的相关税费。

2. 自建住房：实际发生的建造费用及建造和取得产权时实际交纳的相关税费。

3. 经济适用房（含集资合作建房、安居工程住房）：原购房人实际支付的房价款及相关税费，以及按规定交纳的土地出让金。

4. 已购公有住房：原购公有住房标准面积按当地经济适用房价格计算的房价款，加上原购公有住房超标准面积实际支付的房价款以及按规定向财政部门（或原产权单位）交纳的所得收益及相关税费。已购公有住房是指城镇职工根据国家和县级（含县级）以上人民政府有关城镇住房制度改革政策规定，按照成本价（或标准价）购买的公有住房。经济适用房价格按县级（含县级）以上地方人民政府规定的标准确定。

（二）转让住房过程中缴纳的税金是指：纳税人在转让住房时实际缴纳的营业税、城市维护建设税、教育费附加、土地增值税、印花税等税金。

（三）合理费用是指：纳税人按照规定实际支付的住房装修费用、住房贷款利息、手续费、公证费等费用。

1. 支付的住房装修费用。纳税人能提供实际支付装修费用的税务统一发票，并且发票上所列付款人姓名与转让房屋产权人一致的，经税务机关审核，其转让的住房在转让前实际发生的装修费用，可在以下规定比例内扣除：

（1）已购公有住房、经济适用房：最高扣除限额为房屋原值的15%；

（2）商品房及其他住房：最高扣除限额为房屋原值的10%。纳税人原购房为装修房，即合同注明房价款中含有装修费（铺装了地板，装配了洁具、厨具等）的，不得再重复扣除装修费用。

2. 支付的住房贷款利息。纳税人出售以按揭贷款方式购置的住房的，其向贷款银行实际支付的住房贷款利息，凭贷款银行出具的有效证明据实扣除。

3. 纳税人按照有关规定实际支付的手续费、公证费等，凭有关部门出具的有效证明据实扣除。

《财政部 税务总局关于个人取得有关收入适用个人所得税应税所得项目的公告》（财政部 税务总局公告2019年第74号）中规定：

二、房屋产权所有人将房屋产权无偿赠与他人的，受赠人因无偿受赠房屋取得的受赠收入，按照"偶然所得"项目计算缴纳个人所得税。

前款所称受赠收入的应纳税所得额按照《财政部 国家税务总局关于个人无偿受赠房屋有关个人所得税问题的通知》（财税〔2009〕78号）第四条规定计算。

2. 政策分析

房产是家庭最重要的资产，父母的房产过户给子女有继承、赠与和买卖三种方式。父母还在世时将房产过户给子女，赠与或买卖都是可以采取的方式，以买卖的方式办理过户，就是按照正常交易程序去办理；以赠与的方式办理过户，先办理赠与公证，然后办理房屋评估作价和房屋鉴定，最后办理过户。以继承的方式办理过户，则需要发生在父母死亡的情况下。

第一种方式：继承。

在买卖、赠与、继承三种过户方法之中，继承是成本最低，但手续相对繁多的途径。如果房屋产权人只有一个子女，那么产权人去世后房产自然继承给下一代。但是如果房屋产权人有两个或以上子女，就需要立遗嘱明确房产由哪个子女来继承，或者其他兄弟姐妹放弃自己的继承权，才能由其中一个子女单独享有继承权。因为我国还没有开征遗产税，继承过户与买卖和赠与相比，只需要支付财产公证费和工本费，没有增值税、个人所得税和契税。继承人凭遗嘱办理继承权公证，凭继承权公证书到相关部门办理过户更名就可以了。

房屋继承的费用最小，但天然存在一些限制。父母在世时是不能办理的，只有等到父母去世后才能办理房产继承。如果考虑为孩子就近入学急于落户而父母健在，则无法通过继承这种方式来完成过户，必须考虑买卖或者赠与方式。而且需要注意的是，如果子女继承父母的这套房子再次出售时，如果不满足"满五唯一"条件的话，就需要缴纳20%的个人所得税。

第二种方式：赠与。

房产赠与不同于房屋继承，除了直系亲属，这种行为还可以发生在一般亲属或朋友之间。在房产赠与的时候，房屋产权人可以自主进行选择，把房屋赠与任何一人。根据赠与对象不同，税费会有差异。

对于直系亲属赠与，只需要缴纳契税，契税为房屋估价的3%。该方式适合子女今后准备将房产作为自己居住或者出租使用。若今后子女在受赠不足5年内出售该房子，则子女要按据实征收方式缴纳20%个人所得税，如果房产证年满5年且是唯一住房，可以免征个税。另外，普通住宅满两年出售时可免征增值税。

而非直系亲属赠与视同买卖，需要缴纳契税、增值税、个人所得税。

赠与方式简单便捷，而且所需承担的费用也不是很高，这种方式也值得考虑。尤其是在限购的大背景下，部分没有购房资格的外地人或者境外人士，可以通过这种途径完成过户。

第三种方式：买卖。

众所周知，房屋买卖是最常见的过户方式，无需太多繁琐的手续，操作便捷，安全省心。相较于继承、赠与方式，买卖需缴纳较多的税费，往往造成额外的经济支出。即使是父母将房子"卖给"子女，也与普通的交易方式完全相同，并无明显区别，交易过程中所产生的税费也与普通房产买卖方式别无二致。房产买卖承担税费最高的情形为该房产购买时间不满 2 年，且子女名下已有房产，那么，交易双方要承担 3% 的契税、5.6% 的增值税以及相应的 20% 个人所得税。如果房产证年满 5 年且是唯一住房，可免征个税。另外，普通住宅满两年出售时可免征增值税。

买卖转让这种过户方式，在一些可自行确定合同价的城市，由于税费大幅降低，不失为一种上佳选择。但这种方式在很大程度上会受到政策影响，近期随着调控收紧，部分城市名下已经有两套及以上住房的子女，会受到现有调控政策限制而无法实现过户，因此在无法通过继承方式完成过户的情况下，则只能通过赠与方式了。

继承、赠与和买卖三种方式各有利弊和风险，除了考虑交易费用，还要考虑房产日后用途。如果将来子女出售房产，再次出售赠与和继承的房产将面临高达 20% 的个人所得税，因此全盘来看，买卖方式的税费有时候还可能低于赠与方式的税费。所以房屋日后用途也不能忽略，要根据具体家庭情况选择最合适的过户方式。

3. 案例分析

案例一：张大妈老伴去世多年，名下仅有一套住房，该套住房为 10 年前以 100 万元的价格购置，目前市场价格为 500 万元。张大妈计划将该套住房转给其独子，三年后由其儿子再将该套住房以 600 万元的价格出售。仅考虑个人所得税，不考虑其他税费，请提出税收筹划方案。

分析：张大妈将该住房转让给儿子，可以采用赠予或买卖这两种方式。采用赠予方式，转让时可以不缴纳个人所得税；但是在儿子 3 年后出售该住房时，则按照售价 600 万元减购买价格 100 万元的差额缴纳个人所得税。而采用买卖方式，转让时张大妈符合"自用达五年以上、并且是唯一的家庭生活用房"的标准，可以免缴个人所得税；在儿子 3 年后出售该住房时，则按照售价 600 万元减购买价格 500 万元的差额缴纳个人所得税。

方案一：张大妈将该套住房赠予其独子可以享受免税政策，张大妈的儿子出售该套住房需要缴纳个人所得税 =（600−100）×20% = 100 万元

方案二下：张大妈将该套住房卖给其独子可以享受免税政策，张大妈的儿子出售该套住房需要缴纳个人所得税 =（600−500）×20% = 20 万元。

案例二：王先生准备将一套住房赠予其侄了，已知该套住房为王先生 5 年前以 200 万元购买，目前市场价格为 500 万元。王先生考虑两种方式，第一种是直接将该套住房赠与其侄子；第二种是将该套住房赠与其弟弟，其弟弟再赠与其儿子（王先生侄

子）。仅考虑个人所得税，不考虑其他税费。请提出税收筹划方案。

分析：王先生准备将住房赠与其侄子，可以采用直接赠与和间接赠与两种方式。直接赠与方式下，不符合"房屋产权所有人将房屋产权无偿赠与配偶、父母、子女、祖父母、外祖父母、孙子女、外孙子女、兄弟姐妹"的规定，故需缴纳个人所得税。而在间接赠与方式下，则符合此条款的免税规定。

方案一：王先生将住房直接赠与其侄子，侄子需要缴纳个人所得税＝（500－200）×20％＝60万元。

方案二：王先生先将住房间接赠与其侄子，在将该套住房赠与其弟弟时可以享受免税优惠，其弟弟再赠与其儿子时也可以享受免税优惠。

（五）股权转让所得的税收筹划

1. 相关政策及解读

《中华人民共和国个人所得税法》中规定：
个人取得股息需要缴纳20％的个人所得税。

《中华人民共和国企业所得税法》中规定：
公司从公司取得股息属于免税所得，不缴纳企业所得税。

《股权转让所得个人所得税管理办法（试行）》（国家税务总局公告2014年第67号）中规定：
第二条　本办法所称股权是指自然人股东（以下简称个人）投资于在中国境内成立的企业或组织（以下统称被投资企业，不包括个人独资企业和合伙企业）的股权或股份。 　　第三条　本办法所称股权转让是指个人将股权转让给其他个人或法人的行为，包括以下情形： 　　（一）出售股权； 　　（二）公司回购股权； 　　（三）发行人首次公开发行新股时，被投资企业股东将其持有的股份以公开发行方式一并向投资者发售； 　　（四）股权被司法或行政机关强制过户； 　　（五）以股权对外投资或进行其他非货币性交易； 　　（六）以股权抵偿债务； 　　（七）其他股权转移行为。 　　第四条　个人转让股权，以股权转让收入减除股权原值和合理费用后的余额为应纳税所得额，按"财产转让所得"缴纳个人所得税。 　　合理费用是指股权转让时按照规定支付的有关税费。

《财政部 税务总局关于实施小微企业普惠性税收减免政策的通知》（财税〔2019〕13号）中规定：
二、对小型微利企业年应纳税所得额不超过100万元的部分，减按25％计入应纳税所得额，按20％的税率缴纳企业所得税；对年应纳税所得额超过100万元但不超过300万元的部分，减按50％计入应纳税所得额，按20％的税率缴纳企业所得税。 　　上述小型微利企业是指从事国家非限制和禁止行业，且同时符合年度应纳税所得额不超过300万元、从业人数不超过300人、资产总额不超过5 000万元等三个条件的企业。

2. 案例分析

案例一：周先生若干年前投资 100 万元获得甲公司 10% 的股权，现在准备以 200 万元的价格转让。

分析：以个人形式转让股权与以公司形式转让股权，分别适用个人所得税、企业所得税。个人转让股权适用的税率是 20%，而利润 100 万元以下的小微企业目前适用的所得税税率仅为 5%。如果在最初投资时设立双层公司，由上层小微企业作为转让股权的主体，可最大限度降低股权转让所得的税负。

方案一：以个人形式转让股权，周先生应当缴纳个人所得税 = （200－100）×20% ＝20 万元。

方案二：以公司形式转让股权，如果周先生在投资甲公司时采取双层公司结构，即周先生投资设立乙公司，乙公司投资 100 万元获得甲公司 10% 股权，现在乙公司以 200 万元的价格转让该 10% 股权，乙公司应当缴纳企业所得税 = （200－100）×25%×20% ＝5 万元。

对比以上两种方案，采用方案二可以节约税款 15 万元。

案例二：吴先生于 10 年前投资 100 万元创办了甲公司，为减轻税收负担，甲公司 10 年的利润均未分配，目前已经累计达到了 1 000 万元。现在吴先生准备将甲公司的股权转让给他人，转让价为 1 200 万元。

分析：税法中规定企业在计算股权转让所得时，不得扣除被投资企业未分配利润等股东留存收益中按该项股权所可能分配的金额。也就是说，在股权转让中，没有实际分配的留存收益不能作为免税收入予以扣除。

方案一：吴先生转让甲公司股权，需要缴纳个人所得税 = （1 200－100）×20% ＝ 220 万元

方案二：如果吴先生在 10 年前即创办双层公司，投资 110 万元创办乙公司，乙公司再投资 100 万元设立甲公司。乙公司在转让甲公司之前，可以将甲公司 1 000 万元的未分配利润分配给乙公司。由此，甲公司的股权转让价可以降低至 200 万元。

乙公司需要缴纳企业所得税 = （200－100）×25%×20% ＝5 万元。

除甲公司外，吴先生投资其他公司也可以通过乙公司进行，乙公司投资于其他企业所获得的股息红利同样不需要缴纳企业所得税，这样就可以将所有投资利润均留在乙公司层面，免除了李先生每次获得股息红利所得应当承担的个人所得税纳税义务。

案例三：刘先生持有甲公司 20% 的股权，该笔股权的投资成本为 100 万元，目前

对应的公司净资产为 200 万元。因急缺周转资金 100 万元，刘先生准备以 200 万元转让给王先生。

分析：个人转让股权需要缴纳个人所得税，个人转让股权的收益权不需要缴纳个人所得税。纳税人可以通过股权代持的方式实现股权转让，待时机合适时再实际转让股权。

方案一：刘先生直接转让股权，应当缴纳个人所得税 =（200-100）×20% = 20 万元

方案二：刘先生与王先生签订股权代持协议，刘先生作为名义股东，王先生作为实际出资人。刘先生将该 20% 股权的一切权利均委托王先生代为行使，同时将股权质押给王先生。王先生向刘先生支付 200 万元。王先生每年取得甲公司的分红。

若干年后，因甲公司经营不善，出现亏损，甲公司 20% 股权对应的净资产仅为 110 万元。此时，刘先生再将该笔股权以 110 万元的名义价格（实际不需支付任何价款）转让给王先生，刘先生需要缴纳个人所得税 =（110-100）×20% = 2 万元。

二、企业所得税税收筹划

（一）基本法律政策及重点条款解读

1. 基本法律政策

与企业所得税税收筹划有关的基本法律政策有《中华人民共和国企业所得税法》《中华人民共和国企业所得税法实施条例》等。

2. 重点条款解读

《中华人民共和国企业所得税法》中规定：

第一条　在中华人民共和国境内，企业和其他取得收入的组织（以下统称企业）为企业所得税的纳税人，依照本法的规定缴纳企业所得税。

个人独资企业、合伙企业不适用本法。

第四条　企业所得税的税率为 25%。

第五条　企业每一纳税年度的收入总额，减除不征税收入、免税收入、各项扣除以及允许弥补的以前年度亏损后的余额，为应纳税所得额。

第八条　企业实际发生的与取得收入有关的、合理的支出，包括成本、费用、税金、损失和其他支出，准予在计算应纳税所得额时扣除。

第二十二条　企业的应纳税所得额乘以适用税率，减除依照本法关于税收优惠的规定减免和抵免的税额后的余额，为应纳税额。

第四十一条　企业与其关联方之间的业务往来，不符合独立交易原则而减少企业或者其关联方应纳税收入或者所得额的，税务机关有权按照合理方法调整。

第四十七条　企业实施其他不具有合理商业目的的安排而减少其应纳税收入或者所得额的，税务机关有权按照合理方法调整。

---

3. 税收优惠

《中华人民共和国企业所得税法》中规定的税收优惠条款，是税收筹划时需重点关注的。

第四章　税收优惠

第二十五条　国家对重点扶持和鼓励发展的产业和项目，给予企业所得税优惠。

第二十六条　企业的下列收入为免税收入：

（一）国债利息收入；

（二）符合条件的居民企业之间的股息、红利等权益性投资收益；

（三）在中国境内设立机构、场所的非居民企业从居民企业取得与该机构、场所有实际联系的股息、红利等权益性投资收益；

（四）符合条件的非营利组织的收入。

第二十七条　企业的下列所得，可以免征、减征企业所得税：

（一）从事农、林、牧、渔业项目的所得；

（二）从事国家重点扶持的公共基础设施项目投资经营的所得；

（三）从事符合条件的环境保护、节能节水项目的所得；

（四）符合条件的技术转让所得；

（五）本法第三条第三款规定的所得。

第二十八条　符合条件的小型微利企业，减按 20% 的税率征收企业所得税。

国家需要重点扶持的高新技术企业，减按 15% 的税率征收企业所得税。

第二十九条　民族自治地方的自治机关对本民族自治地方的企业应缴纳的企业所得税中属于地方分享的部分，可以决定减征或者免征。自治州、自治县决定减征或者免征的，须报省、自治区、直辖市人民政府批准。

第三十条　企业的下列支出，可以在计算应纳税所得额时加计扣除：

（一）开发新技术、新产品、新工艺发生的研究开发费用；

（二）安置残疾人员及国家鼓励安置的其他就业人员所支付的工资。

第三十一条　创业投资企业从事国家需要重点扶持和鼓励的创业投资，可以按投资额的一定比例抵扣应纳税所得额。

第三十二条　企业的固定资产由于技术进步等原因，确需加速折旧的，可以缩短折旧年限或者采取加速折旧的方法。

第三十三条　企业综合利用资源，生产符合国家产业政策规定的产品所取得的收入，可以在计算应纳税所得额时减计收入。

第三十四条　企业购置用于环境保护、节能节水、安全生产等专用设备的投资额，可以按一定比例实行税额抵免。

第三十五条　本法规定的税收优惠的具体办法，由国务院规定。

第三十六条　根据国民经济和社会发展的需要，或者由于突发事件等原因对企业经营活动产生重大影响的，国务院可以制定企业所得税专项优惠政策，报全国人民代表大会常务委员会备案。

（二）利用亏损结转进行税收筹划

1. 相关政策及解读

《中华人民共和国企业所得税法》中规定：

企业纳税年度发生的亏损，准予向以后年度结转，用以后年度的所得弥补，但结转年限最长不得超过五年。

《财政部 税务总局关于延长高新技术企业和科技型中小企业亏损结转年限的通知》（财税〔2018〕76号）中规定：

　　自2018年1月1日起，当年具备高新技术企业或科技型中小企业资格（以下统称资格）的企业，其具备资格年度之前5个年度发生的尚未弥补完的亏损，准予结转以后年度弥补，最长结转年限由5年延长至10年。

　　2. 案例分析

　　案例一：某企业2014年度发生年度亏损100万元，假设该企业2014—2020年各纳税年度应纳税所得额如表2-1所示。请计算该企业2020年应当缴纳的企业所得税，并提出筹划方案。

表2-1　某企业2014—2020年应纳税所得额　　　　单位：万元

年份	2014	2015	2016	2017	2018	2019	2020
应纳税所得额	-100	10	10	20	30	10	200

　　分析：该企业2014年的100万元亏损，可分别用2015—2019年度的应纳税所得进行弥补，2015—2019年合计应纳税所得额为80万元，低于2014年的亏损100万元，因此从2014年到2019年都不需要缴纳企业所得税。2020年度该企业应当缴纳企业所得税=200×25%=50万元。

　　方案：从该企业各年度的应纳税所得额来看，该企业的生产经验一直朝好的方向发展。2019年度之所以应纳税所得额比较少，可能是因为增加了投资，或者增加了各项费用的支出，或者进行了公益捐赠等。由于2014年度仍有未弥补完的亏损，因此，如果企业能够在2019年度进行税收筹划，压缩成本和支出，尽量增加企业的收入，将2019年度的应纳税所得额提高到30万元，同时，2019年度压缩的成本和支出可以在2020年度予以开支，那么该企业2019年度的应纳税所得额为30万元，2020年度的应纳税所得额为180万元。

　　通过以上筹划，企业在2019年度的应纳税所得额可以用来弥补2014年度的亏损，而2020年度的应纳税所得额则要全部计算缴纳企业所得税。这样，该企业2020年度应当缴纳企业所得税=180×25%=45万元。减少企业所得税应纳税额=50-45=5万元。

　　案例二：某企业2014年度应纳税所得额为40万元，在此之前没有需要弥补的亏损，2015年度亏损40万元，2016年度亏损30万元，2017年度亏损20万元，2018年度应纳税所得额为10万元（尚未弥补以前年度亏损，下同），2019年度应纳税所得额为 20 万元，2020 年度应纳税所得额为 30 万元。请计算该企业 2014—2020 年度每年应当缴纳的企业所得税，并提出税收筹划方案。某企业 2014—2020 年应纳税所得额如表 2-2 所示。

表 2-2 某企业 2014—2020 年应纳税所得额 单位：万元

年份	2014	2015	2016	2017	2018	2019	2020
应纳税所得额	40	−40	−30	−20	10	20	30

分析：该企业 2014 年度应纳税所得额为 40 万元，由于以前年度没有需要弥补的亏损，因此 2014 年度应纳税额 = 40×25% = 10 万元。2015—2017 年度亏损，不需要缴纳企业所得税。2018—2020 年度应纳税所得额弥补以前年度亏损后没有余额，不需要缴纳企业所得税。该企业 2014—2020 年度一共需要缴纳企业所得税 = 40×25% = 10 万元。

方案：该企业的特征是先盈利后亏损，这种状况会导致企业在以后年度的亏损不能用以前年度的盈利来弥补。而企业能否盈利在很大程度上是可以预测的，因此如果企业已经预测到某些年度会发生无法避免的亏损，那么应就尽量将盈利放在亏损年度以后。

本案例中该企业可以在 2014 年度多开支 40 万元，也就是将 2015 年度的部分开支提前进行，将某些收入放在 2015 年度来实现。这样该企业 2014 年度的应纳税所得额就变为 0。2015 年度由于减少了开支，增加了收入，总额为 40 万元，则 2015 年度的亏损变为 0。以后年度的生产经营状况不变，该企业在 2016—2019 年度同样不需要缴纳企业所得税，2020 年度弥补亏损后剩余 10 万元应纳税所得额，需要缴纳企业所得税 = 10×25% = 2.5 万元。通过筹划，该企业减少应纳税额 7.5 万元。

（三）利用利润转移进行税收筹划

1. 相关政策及解读

《中华人民共和国企业所得税法》中规定了不同企业所适用不同的税率：
（1）居民企业、非居民企业在中国境内设立机构、场所的适用企业所得税的税率为 25%。
（2）在中国境内未设立机构、场所的非居民企业；虽设立机构、场所但取得的所得与其所设机构、场所没有实际联系的非居民企业适用企业所得税的税率为 20%（减按 10% 执行）。
（3）符合条件的小型微利企业，减按 20% 的税率征收企业所得税。
（4）国家需要重点扶持的高新技术企业、设在西部地区的鼓励类产业企业，减按 15% 的税率征收企业所得税。

2. 案例分析

案例一：某企业集团下属甲、乙两个企业。其中，甲企业适用 25% 的企业所得税税率，乙企业属于需要国家扶持的高新技术企业，适用 15% 的企业所得税税率。2019 纳税年度，甲企业的应纳税所得额为 8 000 万元，乙企业的应纳税所得额为 9 000 万元。请计算甲乙两个企业以及该企业集团在 2019 纳税年度分别应当缴纳的企业所得税税款，并提出税收筹划方案。

分析：由于甲企业的企业所得税税率高于乙企业的税率，因此可以考虑通过业务调整、转移支付等方式将甲企业的部分收入转移到乙企业。

方案一：甲企业 2019 年度应当缴纳企业所得税 = 8 000×25% = 2 000 万元。乙企业 2019 年度应当缴纳企业所得税 = 9 000×15% = 1 350 万元。该企业集团合计缴纳企业所得税 = 2 000+1 350 = 3 350 万元。

方案二：假设该企业集团通过筹划将甲企业的应纳税所得额降低为 7 000 万元，乙企业的应纳税所得额相应增加为 1 亿元，则甲企业 2019 年度应当缴纳企业所得税 = 7 000×25% = 1 750 万元，乙企业 2019 年度应当缴纳企业所得税 = 10 000×15% = 1 500 万元，该企业集团合计缴纳企业所得税 = 1 750+1 500 = 3 250 万元。由此可见，通过筹划该企业集团可以少缴企业所得税 = 3 350−3 250 = 100 万元。

案例二：甲集团公司共有 10 家子公司，集团 2019 年全年实现应纳税所得额 8 000 万元，由于均不符合高新技术企业的条件，均适用 25% 的税率。该集团中的乙公司与高新技术企业的条件比较接近，年应纳税所得额为 1 000 万元，请为甲集团公司提出税收筹划方案。

分析：甲集团公司可以集中力量将乙公司打造成为高新技术企业，再将其他公司的盈利项目整合到乙公司，使得乙公司应纳税所得额提高。

方案一：甲集团公司 2019 年应纳企业所得税 = 8 000×25% = 2 000 万元。

方案二：将乙公司打造为高新技术企业，并将集团其他盈利项目整合到乙公司，使乙公司应纳税所得额提高至 3 000 万元，则集团缴纳企业所得税 = 5 000×25%+3 000×15% = 1 700 万元。

通过筹划该集团可以少缴纳企业所得税 = 2 000−1 700 = 300 万元。

（四）利用固定资产加速折旧进行税收筹划

1. 法条解读

《财政部 国家税务总局关于完善固定资产加速折旧企业所得税政策的通知》（财税〔2014〕75 号）中规定：

一、对生物药品制造业，专用设备制造业，铁路、船舶、航空航天和其他运输设备制造业，计算机、通信和其他电子设备制造业，仪器仪表制造业，信息传输、软件和信息技术服务业等 6 个行业的企业 2014 年 1 月 1 日后新购进的固定资产，可缩短折旧年限或采取加速折旧的方法。

对上述 6 个行业的小型微利企业 2014 年 1 月 1 日后新购进的研发和生产经营共用的仪器、设备，单位价值不超过 100 万元的，允许一次性计入当期成本费用在计算应纳税所得额时扣除，不再分年度计算折旧；单位价值超过 100 万元的，可缩短折旧年限或采取加速折旧的方法。

二、对所有行业企业 2014 年 1 月 1 日后新购进的专门用于研发的仪器、设备，单位价值不超过 100 万元的，允许一次性计入当期成本费用在计算应纳税所得额时扣除，不再分年度计算折旧；单位价值超过 100 万元的，可缩短折旧年限或采取加速折旧的方法。

三、对所有行业企业持有的单位价值不超过 5 000 元的固定资产，允许一次性计入当期成本费用在计算应纳税所得额时扣除，不再分年度计算折旧。

四、企业按本通知第一条、第二条规定缩短折旧年限的，最低折旧年限不得低于企业所得税法实施条例第六十条规定折旧年限的 60%；采取加速折旧方法的，可采取双倍余额递减法或者年数总和法。本通知第一至三条规定之外的企业固定资产加速折旧所得税处理问题，继续按照企业所得税法及其实施条例和现行税收政策规定执行。

《财政部 国家税务总局关于进一步完善固定资产加速折旧企业所得税政策的通知》（财税〔2015〕106 号）中规定：

一、对轻工、纺织、机械、汽车等四个领域重点行业（具体范围见附件）的企业 2015 年 1 月 1 日后新购进的固定资产，可由企业选择缩短折旧年限或采取加速折旧的方法。

二、对上述行业的小型微利企业 2015 年 1 月 1 日后新购进的研发和生产经营共用的仪器、设备，单位价值不超过 100 万元的，允许一次性计入当期成本费用在计算应纳税所得额时扣除，不再分年度计算折旧；单位价值超过 100 万元的，可由企业选择缩短折旧年限或采取加速折旧的方法。

三、企业按本通知第一条、第二条规定缩短折旧年限的，最低折旧年限不得低于企业所得税法实施条例第六十条规定折旧年限的 60%；采取加速折旧方法的，可采取双倍余额递减法或者年数总和法。

按照企业所得税法及其实施条例有关规定，企业根据自身生产经营需要，也可选择不实行加速折旧政策。

《财政部 税务总局关于扩大固定资产加速折旧优惠政策适用范围的公告》（财政部　税务总局公告 2019 年第 66 号）中规定：

一、自 2019 年 1 月 1 日起，适用《财政部 国家税务总局关于完善固定资产加速折旧企业所得税政策的通知》（财税〔2014〕75 号）和《财政部 国家税务总局关于进一步完善固定资产加速折旧企业所得税政策的通知》（财税〔2015〕106 号）规定固定资产加速折旧优惠的行业范围，扩大至全部制造业领域。

2. 案例分析

案例：某机械制造厂新购进一台大型机器设备，原值为 400 000 元，预计残值率为 3%，经税务机关核定，该设备的折旧年限为 5 年。假设在提取折旧之前企业每年的税前利润均为 1 077 600 元。企业所得税税率为 25%。请比较各种不同折旧方法的异同，并提出税收筹划方案。

分析：企业固定资产的折旧有多种方法，如直线法、双倍余额递减法、年数总和法等。每种方法下折旧的总额是一致的，但是每年的折旧额各不相同。固定资产折旧作为企业的一项费用，直接影响到企业每年的应纳税所得额，因此，可以在不同折旧方法中进行筹划，以取得最优的税收效益。

（1）不同折旧方法下的年折旧额

A. 直线法

年折旧额＝400 000（1－3%）/5＝77 600 元

B. 缩短折旧年限

年折旧额＝400 000（1－3%）/3≈129 333 元

C. 双倍余额递减法

第一年：400 000×2/5＝160 000 元

第二年：（400 000－160 000）×2/5＝96 000 元

第三年：（240 000－96 000）×2/5＝57 600 元

第四年：（144 000－57 600－400 000×3%）/2＝37 200 元

第五年：（144 000－57 600－400 000×3%）/2＝37 200 元

D. 年数总和法

第一年：400 000（1－3%）×5/15≈129 333 元

第二年：400 000（1－3%）×4/15≈103 467 元

第三年：400 000（1－3%）×3/15＝77 600 元

第四年：400 000（1－3%）×2/15≈51 733 元

第五年：400 000（1－3%）×1/15≈25 867 元

（2）不同折旧方法下的应纳所得税额

A. 直线法

因为每年折旧额相同为 77 600 元，连续 5 年扣除折旧后的年应纳税所得额均为每年 1 000 000 元，故年应纳税额为 250 000 元。

B. 缩短折旧年限

因为每年折旧额相同为 129 333 元，连续 3 年扣除折旧后的年应纳税所得额均为每年 948 267 元，故年应纳税额为 237 066.75 元。后两年因为没有折旧可扣除，故年应纳税所得额为 1 077 600 元，应纳所得税额为 269 400 元。

C. 双倍余额递减法

每年扣除折旧后的年应纳税所得额分别为 917 600、981 600、1 020 000、1 040 400、1 040 400 元，故每年应纳税额分别为 229 400 元、245 400 元、255 000 元、260 100 元、260 100 元。

D. 年数总和法

每年扣除折旧后的年应纳税所得额分别为 948 267 元、974 133 元、1 000 000 元、1 025 867 元、1 051 733 元，故每年应纳税额分别为 237 066.75 元、243 533.25 元、250 000 元、256 466.75 元、262 933.25 元。

（3）不同折旧方法下应纳所得税额的比较

年份	直线法	缩短折旧年限	双倍余额递减法	年数总和法
第 1 年	250 000	237 066.75	229 400	237 066.75
第 2 年	250 000	237 066.75	245 400	243 533.25
第 3 年	250 000	237 066.75	255 000	250 000
第 4 年	250 000	269 400	260 100	256 466.75
第 5 年	250 000	269 400	260 100	262 933.25
合计	1 250 000	1 250 000.25	1 250 000	1 250 000

注：此处小数是由于年折旧金额四舍五入造成的。

方案：通过对比可以发现，因为 5 年内该机器设备的折旧总额是固定的 388 000 元，因此对 5 年内应纳税所得额的影响是固定的，对应纳税额的影响也是固定的。但是按照"能晚缴就晚缴"的原则，选择缩短折旧年限或加速折旧法都对企业更有利。

（五）企业捐赠中的税收筹划

1. 法条解读

《国务院关于修改部分行政法规的决定》（国务院令第 714 号）对《企业所得税实施条例》中关于公益性社会组织的界定进行了修订，规定：

公益性社会组织，是指同时符合下列条件的慈善组织以及其他社会组织：

（一）依法登记，具有法人资格；

（二）以发展公益事业为宗旨，且不以营利为目的；

（三）全部资产及其增值为该法人所有；

（四）收益和营运结余主要用于符合该法人设立目的的事业；

（五）终止后的剩余财产不归属任何个人或者营利组织；

（六）不经营与其设立目的无关的业务；

（七）有健全的财务会计制度；

（八）捐赠者不以任何形式参与该法人财产的分配；

（九）国务院财政、税务主管部门会同国务院民政部门等登记管理部门规定的其他条件。

《关于公益性捐赠支出企业所得税税前结转扣除有关政策的通知》（财税〔2018〕15号）中规定：

一、企业通过公益性社会组织或者县级（含县级）以上人民政府及其组成部门和直属机构，用于慈善活动、公益事业的捐赠支出，在年度利润总额12%以内的部分，准予在计算应纳税所得额时扣除；超过年度利润总额12%的部分，准予结转以后三年内在计算应纳税所得额时扣除。

本条所称公益性社会组织，应当依法取得公益性捐赠税前扣除资格。

本条所称年度利润总额，是指企业依照国家统一会计制度的规定计算的大于零的数额。

二、企业当年发生及以前年度结转的公益性捐赠支出，准予在当年税前扣除的部分，不能超过企业当年年度利润总额的12%。

三、企业发生的公益性捐赠支出未在当年税前扣除的部分，准予向以后年度结转扣除，但结转年限自捐赠发生年度的次年起计算最长不得超过三年。

四、企业在对公益性捐赠支出计算扣除时，应先扣除以前年度结转的捐赠支出，再扣除当年发生的捐赠支出。

《关于企业扶贫捐赠所得税税前扣除政策的公告》（财政部 税务总局 国务院扶贫办公告2019年第49号）中规定：

一、自2019年1月1日至2022年12月31日，企业通过公益性社会组织或者县级（含县级）以上人民政府及其组成部门和直属机构，用于目标脱贫地区的扶贫捐赠支出，准予在计算企业所得税应纳税所得额时据实扣除。在政策执行期限内，目标脱贫地区实现脱贫的，可继续适用上述政策。

"目标脱贫地区"包括832个国家扶贫开发工作重点县、集中连片特困地区县（新疆阿克苏地区6县1市享受片区政策）和建档立卡贫困村。

二、企业同时发生扶贫捐赠支出和其他公益性捐赠支出，在计算公益性捐赠支出年度扣除限额时，符合上述条件的扶贫捐赠支出不计算在内。

2. 案例分析

案例：某工业企业2019年度预计可以实现会计利润（假设等于应纳税所得额）1 000万元，企业所得税税率为25%。企业为提高其产品知名度及竞争力，树立良好的社会形象，决定向有关单位捐赠200万元。企业提出两种方案，第一种方案：进行非公益性捐赠或不通过我国境内非营利性社会团体、国家机关做公益性捐赠。第二种方案：通过我国境内非营利性社会团体、国家机关进行公益性捐赠，并且做当年全部捐赠。请对上述两套方案进行评析，并提出税收筹划方案。

分析：政策对于公益性捐赠有严格的界定，企业要享受捐赠免税的优惠必须事前做好筹划。

方案一：不符合税法规定的公益性捐赠条件，捐赠额不能在税前扣除。该企业2019年度应当缴纳企业所得税 = 1 000×25% = 250万元。

方案二：捐赠额在法定扣除限额内的部分可以据实扣除，超过的部分只能结转以后年度扣除。企业应当缴纳企业所得税 = （1 000 - 1 000×12%）×25% = 220万元。

对比两个方案，方案二符合公益性捐赠的规定，能够按照不超过企业当年年度利润总额的 12% 的部分，在当年税前扣除。因此，企业捐赠尽量按照公益性捐赠的要求进行，可以达到减税的效果。

（六）利用小微企业低税率优惠政策的税收筹划

1. 法条解读

《财政部 税务总局关于实施小微企业普惠性税收减免政策的通知》（财税〔2019〕13号）中规定：

二、对小型微利企业年应纳税所得额不超过 100 万元的部分，减按 25% 计入应纳税所得额，按 20% 的税率缴纳企业所得税；对年应纳税所得额超过 100 万元但不超过 300 万元的部分，减按 50% 计入应纳税所得额，按 20% 的税率缴纳企业所得税。

上述小型微利企业是指从事国家非限制和禁止行业，且同时符合年度应纳税所得额不超过 300 万元、从业人数不超过 300 人、资产总额不超过 5 000 万元等三个条件的企业。

从业人数，包括与企业建立劳动关系的职工人数和企业接受的劳务派遣用工人数。所称从业人数和资产总额指标，应按企业全年的季度平均值确定。具体计算公式如下：

季度平均值 =（季初值+季末值）÷2

全年季度平均值 = 全年各季度平均值之和÷4

年度中间开业或者终止经营活动的，以其实际经营期作为一个纳税年度确定上述相关指标。

六、本通知执行期限为 2019 年 1 月 1 日至 2021 年 12 月 31 日。

上述小型微利企业是指从事国家非限制和禁止行业，且同时符合年度应纳税所得额不超过 300 万元、从业人数不超过 300 人、资产总额不超过 5 000 万元等三个条件的企业。

2. 小微企业企业所得税税收优惠政策的沿革

国家高度重视小微企业的良性发展，对小微企业的企业所得税税收优惠力度一直在加大。2008 年在《中华人民共和国企业所得税法》及《中华人民共和国企业所得税法实施条例》中首次以法律的形式给予小微企业所得税优惠，规定从事国家非限制和禁止行业并符合条件的小型微利企业，减按 20% 的税率征收企业所得税。而最新的《财政部 税务总局关于实施小微企业普惠性税收减免政策的通知》（财税〔2019〕13号）对小型微利企业的优惠力度大大加强。这些政策的调整变化，使能够享受到企业所得税税收优惠的企业范围不断扩大。

3. 案例分析

案例：某公司在外地设立一分公司，该分公司第一年盈利 15 万元，第二年盈利 25 万元，第三年盈利 30 万元。由于分公司没有独立法人资格，需要与总公司合并纳税。假设某公司三年全部盈利。该分公司三年实际上缴纳了企业所得税：（15+25+30）×25%＝17.5 万元。请针对此情况提出税收筹划方案。

分析：假设该公司在设立分支机构前进行了税收筹划，认为该分支机构在前两年可以盈利，且盈利额不会太大，符合小型微利企业的标准。因此，该公司设立了子公司。由于小型子公司和分公司形式的差异对于生产经营活动不会产生较大影响，因此假设该子公司三年盈利水平与分公司相似。

方案：通过设立子公司的方式，子公司三年所缴纳的企业所得税额为：（15+25+30）×25%×20%＝3.5万元。通过税收筹划节约税款：17.5-3.5＝14万元。如果子公司每年盈利100万元，则每年可以节约税款20万元。设立子公司的成本相对高一些，但只要这一成本之差小于节约的所得税额，税收筹划就是有价值的。

三、增值税税收筹划

（一）基础：增值税主要法律法规

1. 基本法律政策

与增值税税收筹划相关的基本法律政策有《中华人民共和国增值税暂行条例》《中华人民共和国增值税暂行条例实施细则》。

2. 重点条款解读

《中华人民共和国增值税暂行条例》中规定：

　　第三条　纳税人兼营不同税率的项目，应当分别核算不同税率项目的销售额；未分别核算销售额的，从高适用税率。

　　第四条　除本条例第十一条规定外，纳税人销售货物、劳务、服务、无形资产、不动产（以下统称应税销售行为），应纳税额为当期销项税额抵扣当期进项税额后的余额。应纳税额计算公式：

　　应纳税额＝当期销项税额-当期进项税额

　　当期销项税额小于当期进项税额不足抵扣时，其不足部分可以结转下期继续抵扣。

　　第五条　纳税人发生应税销售行为，按照销售额和本条例第二条规定的税率计算收取的增值税额，为销项税额。销项税额计算公式：

　　销项税额＝销售额×税率

　　第七条　纳税人发生应税销售行为的价格明显偏低并无正当理由的，由主管税务机关核定其销售额。

　　第十一条　小规模纳税人发生应税销售行为，实行按照销售额和征收率计算应纳税额的简易办法，并不得抵扣进项税额。应纳税额计算公式：

　　应纳税额＝销售额×征收率

　　小规模纳税人的标准由国务院财政、税务主管部门规定。

（二）选择纳税人身份税收筹划

1. 法条解读

《增值税一般纳税人登记管理办法》（国家税务总局令2017年第43号）中规定：

　　第二条　增值税纳税人（以下简称"纳税人"），年应税销售额超过财政部、国家税务总局规定的小规模纳税人标准（以下简称"规定标准"）的，除本办法第四条规定外，应当向主管税务机关办理一般纳税人登记。

本办法所称年应税销售额，是指纳税人在连续不超过 12 个月或四个季度的经营期内累计应征增值税销售额，包括纳税申报销售额、稽查查补销售额、纳税评估调整销售额。

销售服务、无形资产或者不动产（以下简称"应税行为"）有扣除项目的纳税人，其应税行为年应税销售额按未扣除之前的销售额计算。纳税人偶然发生的销售无形资产、转让不动产的销售额，不计入应税行为年应税销售额。

第三条 年应税销售额未超过规定标准的纳税人，会计核算健全，能够提供准确税务资料的，可以向主管税务机关办理一般纳税人登记。

本办法所称会计核算健全，是指能够按照国家统一的会计制度规定设置账簿，根据合法、有效凭证进行核算。

第八条 纳税人在年应税销售额超过规定标准的月份（或季度）的所属申报期结束后 15 日内按照本办法第六条或者第七条的规定办理相关手续；未按规定时限办理的，主管税务机关应当在规定时限结束后 5 日内制作"税务事项通知书"，告知纳税人应当在 5 日内向主管税务机关办理相关手续；逾期仍不办理的，次月起按销售额依照增值税税率计算应纳税额，不得抵扣进项税额，直至纳税人办理相关手续为止。

《财政部 税务总局关于统一增值税小规模纳税人标准的通知》（财税〔2018〕33 号）中规定：

一、增值税小规模纳税人标准为年应征增值税销售额 500 万元及以下。

《国家税务总局关于增值税一般纳税人登记管理若干事项的公告》（国家税务总局公告 2018 年第 6 号）中规定：

为了贯彻实施《增值税一般纳税人登记管理办法》（国家税务总局令第 43 号，以下简称《办法》），现将有关事项公告如下：

一、《办法》第二条所称"经营期"是指在纳税人存续期内的连续经营期间，含未取得销售收入的月份或季度。

二、《办法》第二条所称"纳税申报销售额"是指纳税人自行申报的全部应征增值税销售额，其中包括免税销售额和税务机关代开发票销售额。"稽查查补销售额"和"纳税评估调整销售额"计入查补税款申报当月（或当季）的销售额，不计入税款所属期销售额。

七、纳税人兼有销售货物、提供加工修理修配劳务（以下称"应税货物及劳务"）和销售服务、无形资产、不动产（以下称"应税行为"）的，应税货物及劳务销售额与应税行为销售额分别计算，分别适用增值税一般纳税人登记标准，其中有一项销售额超过规定标准，就应当按照规定办理增值税一般纳税人登记相关手续。

2. 一般纳税人与小规模纳税人的税负平衡点

由于一般纳税人和小规模纳税人所使用的征税方法不同，因此有可能导致二者的税收负担存在一定的差异。在一定情况下，小规模纳税人可以向一般纳税人转化，这就为具备相关条件的小规模纳税人提供了税收筹划空间。企业为了减轻增值税税负，就需要综合考虑各种因素，从而决定在一般纳税人和小规模纳税人之间做出选择。

假设某企业年度不含税销售额为 M，不含税购进额为 N，则其增值额为 $(M-N)$，增值率 $A=(M-N)/M=1-N/M$。如果该企业为增值税一般纳税人，其应纳增值税为 $M\times13\%-N\times13\%=(M-N)\times13\%=M\times A\times13\%$；如果该企业为小规模纳税人，应纳增值税为 $M\times3\%$。令两类纳税人的税负相等：$M\times A\times13\%=M\times3\%$，则有 $A=23\%$。

也就是说，当增长率为 23% 时，企业无论是选择成为一般纳税人还是小规模纳税人，增值税的税收负担是相等的；当增值率小于23%时，企业作为一般纳税人更有利；当增值率大于23%时，企业作为小规模纳税人更有利。所以增值率是进行纳税人身份确定时的一个关键性因素。当然，在进行纳税人身份确定时还要考虑企业对外经营活动的难易程度以及一般纳税人的财务核算等因素。因此，税收筹划不是一个简单的计算问题或数字问题，而是更多体现了一种创造性的智力活动。

由于纳税人的身份在企业成立时就需要确定，而此时企业对各种情况的估计存在很大的不确定性，因此小型企业一般可以先选择小规模纳税人的身份，在生产经营过程中积累本企业的各项指标数据，然后再进行税收筹划，这样会有更好的效果。

3. 案例分析

案例一：某生产型企业年应纳增值税销售额为900万元，会计核算制度也比较健全，符合一般纳税人的条件，属于增值税一般纳税人，适用13%的增值税税率。但是，该企业准予从销项税额中抵扣的进项税额较少，只占销项税额的20%。请提出税收筹划方案。

分析：通过计算，发现企业的增值率为（900−900×20%）/900＝80%，大于增值率平衡点23%。所以，该企业作为一般纳税人的增值税税负要远大于小规模纳税人。但是企业应纳增值税销售额为900万元，超出了增值税小规模纳税人的标准。此时企业应纳增值税为900×80%×13%＝93.6万元。由于增值税小规模纳税人可以转化为一般纳税人，而一般纳税人不能转化为小规模纳税人，因此可以将该企业分设为两个企业，各自作为独立核算的单位。

方案：将该企业分设为两个企业，年应税销售额分别为450万元，并符合小规模纳税人的其他条件，按照小规模纳税人的征收率征税。这种情况下，两个企业总共缴纳增值税（450+450）×3%＝27万元。通过筹划，企业可以少缴纳增值税93.6−27＝66.6万元。

案例二：甲商贸公司为增值税一般纳税人，年销售额为600万元，由于可抵扣的进项税额较少，年实际缴纳增值税60万元，增值税税负较重。请为甲公司设计合理减轻增值税负担的筹划方案。

分析：该企业作为一般纳税人的增值税税负要远大于小规模纳税人，可以将该企业分设为两个或多个企业，各自作为独立核算的单位。

方案一：由于一般纳税人不允许直接变更为小规模纳税人，投资者可以将甲公司注销，同时成立乙公司和丙公司来承接甲公司的业务。乙公司和丙公司的年均销售额

均为 300 万元，符合小规模纳税人的标准。年应纳增值税＝（300+300）×3%＝18 万元

方案二：投资者将甲公司注销，同时成立五家公司来承接甲公司的业务。五家公司的年销售额均为 120 万元，符合小规模纳税人的标准。同时将乙、丙、丁三家公司的月销售额控制在 10 万元以内，根据现行小规模纳税人月销售额不超过 10 万元免征增值税的优惠政策，乙、丙、丁三家公司年应纳增值税为 0。

（三）利用小微企业优惠政策进行税收筹划

1. 法条解读

> 《财政部 税务总局关于实施小微企业普惠性税收减免政策的通知》（财税〔2019〕13 号）中规定：
> 　一、对月销售额 10 万元以下（含本数）的增值税小规模纳税人，免征增值税。
> 　六、本通知执行期限为 2019 年 1 月 1 日至 2021 年 12 月 31 日。

2. 小微企业增值税税收优惠政策的沿革

国家高度重视小微企业的良性发展，对小微企业的增值税税收优惠力度一直在加大。从 2013 年出台《财政部 税务总局关于暂免征收部分小微企业增值税和营业税的通知》（财税〔2013〕52 号）中规定自 2013 年 8 月 1 日起，对增值税小规模纳税人中月销售额不超过 2 万元的企业或非企业性单位暂免征收增值税开始，到最新的《财政部 税务总局关于实施小微企业普惠性税收减免政策的通知》（财税〔2019〕13 号），优惠力度不断加大，使能够享受到增值税税收优惠的企业范围不断扩大。

在财税〔2019〕13 号文件中，除了明确小微企业企业所得税、增值税的优惠政策，也明确规定省、自治区、直辖市人民政府根据本地区实际情况，以及宏观调控需要确定，对增值税小规模纳税人可以在 50% 的税额幅度内减征资源税、城市维护建设税、房产税、城镇土地使用税、印花税（不含证券交易印花税）、耕地占用税和教育费附加、地方教育附加，使小规模纳税人享受到更多的政策红利。可以预见，未来国家对小微企业的税收优惠仍将持续，优惠力度也将不断调整变化，值得在税收筹划时关注。

3. 案例分析

案例：某咨询公司为增值税小规模纳税人，在"营改增"后，该公司 2019 年度从几家固定客户每季度收取含税咨询费共计 31 万元。请计算该咨询公司 2019 年度需要缴纳多少增值税并提出税收筹划方案。

分析：该咨询公司季度不含税销售额为 31/（1+3%）≈30.1 万元，超过了 30 万

元，需要缴纳增值税。该咨询公司 2019 年度需要缴纳增值税 31/（1+3%）×3%×4≈3.61 万元。如果该企业能够与其固定客户协商，适当调剂季度咨询费的数额，可减少应纳税额。

方案：通过与固定客户协商，将前三季度的咨询费控制在每季度 30.9 万元，最后一个月的咨询费为：31×4−30.9×3＝31.3 万元。该咨询公司前三个季度不含税销售额为 30 万元，免征增值税，最后一个季度需要缴纳增值税：31.3/（1+3%）×3%≈0.91 万元。通过筹划，减少应纳税额：3.61−0.91≈2.7 万元。

（四）特殊销售中的税收筹划

1. 折扣销售

案例：某企业为了促销，规定凡购买其产品在 6 000 件以上的，给予折扣 10%。该产品不含税单价为 200 元，折扣后的不含税价格为 180 元。该企业未将销售额和折扣额在同一张发票上分别注明。请计算该企业应当缴纳的增值税，并提出税收筹划方案。

分析：由于该企业没有将折扣额写在同一张发票上，该企业缴纳增值税应当以销售额的全额计缴：200×6 000×13%＝156 000 元。如果企业熟悉税法的规定，将销售额和折扣额在同一张发票上分别注明，那么企业应纳增值税应当以折扣后的余额计缴：180×6 000×13%＝140 400 元。节税效果：156 000−140 400＝15 600 元。

2. 将实物折扣变成价格折扣

案例：某企业销售一批商品，共 10 000 件，每件不含税价格为 100 元，根据需要采取实物折扣的方式，即在 100 件商品的基础上赠送 10 件商品，实际赠送 1 000 件商品。请计算该企业应当缴纳的增值税并提出税收筹划方案。

分析：按照实物折扣的方式销售后，企业收取价款＝10 000×100＝1 000 000 元，收取增值税销项税额＝10 000×100×13%＝130 000 元，需要自己承担销项税额＝1 000 × 100×13%＝13 000 元。如果该企业进行税收筹划，将这种实物折扣在开发票时变成价格折扣，即按照出售 11 000 件商品计算，商品价格总额为 1 100 000 元，打折以后的价格为 1 000 000 元。这样，该企业就可以收取 1 000 000 元的价款，同时收取增值税额：1 000 000×13%＝130 000 元，不用自己负担增值税。通过税收筹划，减轻税收负担13 000元。

3. 现金折扣

案例：企业与客户签订的合同约定不含税销售额为 100 000 元，合同中约定的付款期为 40 天。如果对方可以在 20 天内付款，将给予对方 3%的销售折扣，即 3 000 元。

由于企业采取的是销售折扣方式，折扣额不能从销售额中扣除，企业应按照 100 000 元的销售额计算增值税销项税额。这样，增值税销项税额＝100 000×13%＝13 000 元。请提出该企业的税收筹划方案。

方案一：企业在承诺给予对方 3% 的折扣的同时，将合同中约定的付款期缩短为 20 天，这样就可以在给对方开具增值税专用发票时，将以上折扣额与销售额开在同一张发票上，使企业按照折扣后的销售额计算销项增值税，增值税销项税额＝100 000×（1－3%）×13%＝12 610 元。这样，企业收入没有降低，但节省了 390 元的增值税。当然，如果对方企业没有在 20 天之内付款，企业会遭受损失。

方案二：企业主动压低该批货物的价格，将合同金额降低为 97 000 元，相当于给予对方 3% 折扣之后的金额。同时在合同中约定，对方企业超过 20 天付款需加收 3 390 元滞纳金（相当于 3 000 元销售额和 390 元增值税）。这样，企业的收入并没有受到实质影响。如果对方中 20 天之内付款，可以按照 97 000 元的价款给对方开具增值税专用发票，并计算 12 610 元的增值税销项税额。如果对方没有在 20 天之内付款，企业可以向对方收取 3 000 元滞纳金和 390 元增值税，并以"全部价款和价外费用"100 000 元计算销项增值税，也符合税法的要求。

4. 不同的促销方式

案例：甲公司计划在年底开展一次"买一赠一"的促销活动。原计划提供促销商品正常销售额 2 000 万元，实际收取销售额 1 000 万元。已知甲公司销售该商品适用的增值税税率为 13%。请为甲公司设计合理减轻增值税负担的筹划方案。

分析：由于甲公司无偿赠予价值 1 000 万元的商品，需要视同销售，因此增加增值税销项税额＝1 000×13%＝130 万元。如果甲公司能将此次促销活动改为五折促销，或者采取"加量不加价"的方式组合销售，即花一件商品的钱买两件商品，就可以少负担增值税 130 万元。

四、消费税税收筹划

（一）基础：消费税主要法律法规

1. 基本法律政策

与消费税税收筹划相关的基本法律政策有《中华人民共和国消费税暂行条例》《中华人民共和国消费税暂行条例实施细则》。

2. 重点条款解读

《中华人民共和国消费税暂行条例》中规定：

第三条 纳税人兼营不同税率的应当缴纳消费税的消费品（以下简称应税消费品），应当分别核算不同税率应税消费品的销售额、销售数量；未分别核算销售额、销售数量，或者将不同税率的应税消费品组成成套消费品销售的，从高适用税率。

第四条 纳税人生产的应税消费品，于纳税人销售时纳税。纳税人自产自用的应税消费品，用于连续生产应税消费品的，不纳税；用于其他方面的，于移送使用时纳税。

委托加工的应税消费品，除受托方为个人外，由受托方在向委托方交货时代收代缴税款。委托加工的应税消费品，委托方用于连续生产应税消费品的，所纳税款准予按规定抵扣。

进口的应税消费品，于报关进口时纳税。

第五条 消费税实行从价定率、从量定额，或者从价定率和从量定额复合计税（以下简称复合计税）的办法计算应纳税额。应纳税额计算公式：

实行从价定率办法计算的应纳税额＝销售额×比例税率

实行从量定额办法计算的应纳税额＝销售数量×定额税率

实行复合计税办法计算的应纳税额＝销售额×比例税率+销售数量×定额税率

纳税人销售的应税消费品，以人民币计算销售额。纳税人以人民币以外的货币结算销售额的，应当折合成人民币计算。

第六条 销售额为纳税人销售应税消费品向购买方收取的全部价款和价外费用。

第七条 纳税人自产自用的应税消费品，按照纳税人生产的同类消费品的销售价格计算纳税；没有同类消费品销售价格的，按照组成计税价格计算纳税。

实行从价定率办法计算纳税的组成计税价格计算公式：

组成计税价格＝（成本+利润）÷（1-比例税率）

实行复合计税办法计算纳税的组成计税价格计算公式：

组成计税价格＝（成本+利润+自产自用数量×定额税率）÷（1-比例税率）

第八条 委托加工的应税消费品，按照受托方的同类消费品的销售价格计算纳税；没有同类消费品销售价格的，按照组成计税价格计算纳税。

实行从价定率办法计算纳税的组成计税价格计算公式：

组成计税价格＝（材料成本+加工费）÷（1-比例税率）

实行复合计税办法计算纳税的组成计税价格计算公式：

组成计税价格＝（材料成本+加工费+委托加工数量×定额税率）÷（1-比例税率）

第九条 进口的应税消费品，按照组成计税价格计算纳税。

实行从价定率办法计算纳税的组成计税价格计算公式：

组成计税价格＝（关税完税价格+关税）÷（1-消费税比例税率）

实行复合计税办法计算纳税的组成计税价格计算公式：

组成计税价格＝（关税完税价格+关税+进口数量×消费税定额税率）÷（1-消费税比例税率）

第十条 纳税人应税消费品的计税价格明显偏低并无正当理由的，由主管税务机关核定其计税价格。

（二）利用生产制作环节纳税的规定

案例：某化妆品生产厂家生产的高档化妆品，假设正常生产环节的不含税售价为每套 400 元，适用消费税税率为 15%，则该厂应纳消费税：400×15%＝60 元。假设生产成本为 150 元，则该企业税前利润：400-60-150＝190 元。根据以上信息，请提出该厂的税收筹划方案。

分析：以较低的销售价格将应税消费品销售给其独立核算的销售子公司，由于处在销售环节，只缴纳增值税不缴纳消费税，可使纳税人的整体消费税税负下降，且并不影响纳税人的增值税税负。

方案：该厂经过税收筹划，设立一个独立核算的子公司负责对外销售，向该子公司供货时不含税价格定为每套 200 元，则该厂在转移产品时须缴纳消费税：200×15%＝30 元。该子公司对外零售商品时不需要缴纳消费税，没有消费税负担。

（三）利用委托加工由受托方收税的规定

案例：A 卷烟厂委托 B 卷烟厂将一批价值为 100 万元的烟叶加工成烟丝，协议规定加工费 50 万元（不含增值税）；加工的烟丝运回 A 厂后，A 厂继续加工成乙类卷烟，加工成本、分摊费用共计 70 万元，该批卷烟不含税销售收入为 500 万元。假设烟丝消费税税率为 30%，乙类卷烟消费税税率为 40%。请计算两家企业分别应当缴纳的消费税和增值税，并提出税收筹划方案。

分析：厂家的商品生产，可以采用自行生产、委托加工两种方式。委托加工又可以分为半成品加工、成品加工。这几种不同的生产方式，对于消费税的缴纳有较大的影响。

方案一：

（1）A 厂向 B 厂支付加工费的同时，向 B 厂支付其代收代缴的消费税。

消费税组成计税价格＝（100+50）／（1−30%）≈214.3 万元

应缴消费税＝214.3×30%≈64.3 万元

（2）A 厂销售卷烟后，应缴消费税＝500×40%−64.3＝135.7 万元。

（3）A 厂的税后利润（所得税税率为 25%）＝（500−100−50−64.3−70−135.7）×（1−25%）＝60 万元。

（4）B 厂的税后利润（假设 B 厂的加工成本为 40 万元）：（50−40）×（1−25%）＝7.5 万元。

方案二：

A 厂委托 B 厂将烟叶加工成乙类卷烟，烟叶成本不变，加工费用为 130 万元（不含增值税）；加工完毕后运回 A 厂，A 厂对外不含税销售收入为 500 万元。

（1）A 厂向 B 厂支付加工费的同时，向其支付代收代缴的消费税＝（100+130）／（1−40%）×40%≈153.33 万元

（2）由于委托加工应税消费品直接对外销售，A厂在销售时不必再缴消费税，因此其税后利润（所得税税率为25%）＝（500-100-130-153.33）×（1-25%）≈87.5万元。

（3）B厂的税后利润（税率同上）＝（130-40-70）×（1-25%）＝15万元。

方案三：

企业尝试自行加工的方式，A厂将购入的价值100万元的烟叶自行加工成乙类卷烟，假设加工成本、分摊费用共计125万元，不含税销售收入为500万元。

应缴纳消费税＝500×40%＝200万元

税收利润＝（500-100-125-200）×（1-25%）＝56.25万元

如果A厂加工费用降低到120万元，则A厂税后利润为（500-100-120-200）×（1-25%）＝60万元

方案对比：在被加工材料成本相同、最终售价相同的情况下，方案二比方案一对两家企业都有利。而且在一般情况下，在方案二中，支付的加工费比方案一少，因为B厂连续加工不需要缴纳消费税，而且其中减少了运输成本以及其他成本，其继续加工成本应该比A厂低。当然，前提是两家企业加工技术和能力相同。

当A厂自行加工的成本等于支付给B厂的费用加上继续自行加工的成本时，方案三与方案一对A厂的税收负担是相同的，如果A厂自行加工的费用高于120万元，则采用方案一比较有利，如果A厂自行加工的费用低于120万元，则自己加工比较有利。但是与方案二相比，税收负担仍然比较重。

在其他条件相同的情况下，自行加工方式的税收利润最少，税负最重。而彻底的委托加工方式又比委托加工后再自行加工后的销售税负更低。需要注意的是，现实中的这种企业一般存在一定的关系，否则B厂不会以这么低的价格将加工以后的产品销售给A厂，它自己直接对外销售所获得的利润更高。因此，这种企业之间的委托加工所收取的费用应当与其他没有关联关系的企业所收取的费用大体相当，否则会被税务机关以转移定价为由进行调整，这样就达不到税收筹划的目的了。

（四）包装物的税收筹划

1. 法条解读

> 《中华人民共和国消费税暂行条例实施细则》中规定：
>
> 第十三条 应税消费品连同包装物销售的，无论包装物是否单独计价以及在会计上如何核算，均应并入应税消费品的销售额中缴纳消费税。如果包装物不作价随同产品销售，而是收取押金，此项押金则不应并入应税消费品的销售额中征税。但对因逾期未收回的包装物不再退还的或者已收取的时间超过12个月的押金，应并入应税消费品的销售额，按照应税消费品的适用税率缴纳消费税。

対既作价随同应税消费品销售，又另外收取押金的包装物的押金，凡纳税人在规定的期限内没有退还的，均应并入应税消费品的销售额，按照应税消费品的适用税率缴纳消费税。

2. 案例分析

案例一：某烟火厂生产一批烟火共 10 000 箱，每箱价值 200 元，其中包含包装物价值 15 元，该月销售额 = 200×10 000 = 2 000 000 元。烟火的消费税税率为 15%。请计算该厂当月缴纳的消费税，并提出税收筹划方案。

分析：包装物的消费税在是否逾期、是否超过 12 个月等不同情形下，适用不同的处理办法，由此产生缴纳、不需要缴纳的差别，也存在延期缴纳的空间，可以在销售前进行合理的筹划。

方案：该烟火厂以每箱 185 元的价格销售，并收取 15 元押金，同时约定，包装物如有损坏则从押金中扣除相应修理费用直至全部扣除押金。这样，该厂应纳消费税降低 277 500 元（10 000×185×15%）。1 年以后，如果该批包装物的押金没有退回，则该企业应当补缴消费税：10 000×15×15% = 22 500 元。对企业来说，相当于获得了 22 500 元的 1 年无息贷款。

案例二：某酒厂生产各种类型的酒，以适应不同消费者需求。春节来临，大部分消费者都以酒作为馈赠亲朋好友的礼品。针对这种市场情况，公司于 1 月月初推出"组合装礼品酒"的促销活动，将白酒、白兰地酒和葡萄酒各一瓶组成价值 115 元的成套礼品酒进行销售，三种酒的出厂价分别为 50 元/瓶、40 元/瓶、25 元/瓶。假设这三种酒每瓶均为 500 毫升装，该月共销售一万套礼品酒。该企业采取先包装后销售的方式促销。请计算该企业应当缴纳的消费税，并提出税收筹划方案。

分析：由于该企业采取先包装后销售的方式促销，属于混合销售行为，应当按照较高的税率计算消费税额。由于三种酒的税率不同，因此，采取混合销售的方式增加了企业的税收负担。该企业可以采取先销售后包装的方式进行促销。

方案一：先包装后销售，应纳消费税额 = 10 000×（3×0.5 + 115×20%）= 245 000元。

方案二：先销售后包装，应纳消费税额 = 10 000×（1×0.5+50×20%）+40×10 000×10%+25×10 000×10% = 170 000 元。

对比以上两个方案，采用先销售后包装的方式可以减轻企业税收负担 75 000 元。

专题三

业务税收筹划

税收筹划是纳税人在既定的框架内，通过对其战略模式、经营活动、投资行为等事项进行事先规划安排以节约税款、延期纳税和降低税务风险为目标的一系列税务规划活动。税收筹划在纳税义务发生之前就要进行方案设计，因此，有些需要在企业设立时就进行税收筹划，有些需要在重组日确定之前进行筹划，还有的需要企业在正常生产经营期间进行筹划。

一、经营业务税收筹划

从企业注册成立起，就面临着各种税收问题，比如从用什么财产出资、企业注册成何种形式、注册地点选择在哪里、怎么筹集资金，再到生产经营活动中的各个业务的安排、利润如何分配等，都有一个从税收角度最优方案的问题。本部分着重介绍企业经营业务相关的出资方式、企业的组织形式、企业筹资方式、薪酬政策等方面税收筹划的内容。

（一）出资方式

成立一家企业，首先要有投资人，投资人可以是个人，也可以是企业。如果投资人用货币性资产，包括现金、银行存款、应收账款、应收票据以及准备持有至到期的债券投资等出资，通常没有纳税的问题；如果投资人用非货币性资产，包括存货、固定资产、无形资产、股权投资以及不准备持有至到期的债券投资等投资，就可能面临所得税的问题。因为非货币性资产的原始价值与投资人入股时的评估价值之间可能会存在差额，如果评估价值高于原始价值，差额部分就是投资人的财产转让所得。

1. 企业非货币性资产投资

《财政部 国家税务总局关于非货币性资产投资企业所得税政策问题的通知》（财税〔2014〕116号）中规定：

一、居民企业（以下简称企业）以非货币性资产对外投资确认的非货币性资产转让所得，可在不超过5年期限内，分期均匀计入相应年度的应纳税所得额，按规定计算缴纳企业所得税。

二、企业以非货币性资产对外投资，应对非货币性资产进行评估并按评估后的公允价值扣除计税基础后的余额，计算确认非货币性资产转让所得。

企业以非货币性资产对外投资，应于投资协议生效并办理股权登记手续时，确认非货币性资产转让收入的实现。

三、企业以非货币性资产对外投资而取得被投资企业的股权，应以非货币性资产的原计税成本为计税基础，加上每年确认的非货币性资产转让所得，逐年进行调整。

被投资企业取得非货币性资产的计税基础，应按非货币性资产的公允价值确定。

四、企业在对外投资5年内转让上述股权或投资收回的，应停止执行递延纳税政策，并就递延期内尚未确认的非货币性资产转让所得，在转让股权或投资收回当年的企业所得税年度汇算清缴时，一次性计算缴纳企业所得税；企业在计算股权转让所得时，可按本通知第三条第一款规定将股权的计税基础一次调整到位。

企业在对外投资5年内注销的，应停止执行递延纳税政策，并就递延期内尚未确认的非货币性资产转让所得，在注销当年的企业所得税年度汇算清缴时，一次性计算缴纳企业所得税。

五、本通知所称非货币性资产，是指现金、银行存款、应收账款、应收票据以及准备持有至到期的债券投资等货币性资产以外的资产。

本通知所称非货币性资产投资，限于以非货币性资产出资设立新的居民企业，或将非货币性资产注入现存的居民企业。

《国家税务总局关于非货币性资产投资企业所得税有关征管问题的公告》（国家税务总局公告2015年第33号）中规定：

一、实行查账征收的居民企业（以下简称企业）以非货币性资产对外投资确认的非货币性资产转让所得，可自确认非货币性资产转让收入年度起不超过连续5个纳税年度的期间内，分期均匀计入相应年度的应纳税所得额，按规定计算缴纳企业所得税。

案例：2017年6月，深圳市远望谷信息技术股份有限公司（证券代码：002161）发布《关于以子公司股权作为出资对外投资暨关联交易的公告》中披露：远望谷拟与毕泰卡文化科技（深圳）有限公司，毕泰卡股东柴晓炜、徐超洋、毕卡投资（深圳）合伙企业（有限合伙）和深圳华夏基石管理科技合伙企业（有限合伙）签署"增资扩股协议"；拟以持有的全资子公司深圳市远望谷文化科技有限公司100%股权作为出资，作价人民币5 017万元对毕泰卡进行增资。增资完成后，毕泰卡注册资本由人民币10 000万元增资至15 017万元。交易完成后，远望谷将持有毕泰卡34.36%的股权，同时不再持有远望谷文化科技有限公司股权，远望谷合并报表范围将发生变化，文化科技将成为毕泰卡的全资子公司。

分析：远望谷以文化科技有限公司100%股权作为出资向毕泰卡进行增资，增资后持有毕泰卡 34.36% 的股权，这属于典型的非货币性资产出资入股行为。由于投资方是深圳证券交易所的上市公司，为查账征收的居民企业，因此，以文化科技 100% 股权作为出资过程中产生的增值溢价可以适用财税〔2014〕116 号中的递延纳税待遇。

2. 个人非货币性资产投资

《财政部 国家税务总局关于个人非货币性资产投资有关个人所得税政策的通知》（财税〔2015〕41号）中规定：

一、个人以非货币性资产投资，属于个人转让非货币性资产和投资同时发生。对个人转让非货币性资产的所得，应按照"财产转让所得"项目，依法计算缴纳个人所得税。

二、个人以非货币性资产投资，应按评估后的公允价值确认非货币性资产转让收入。非货币性资产转让收入减除该资产原值及合理税费后的余额为应纳税所得额。

个人以非货币性资产投资，应于非货币性资产转让、取得被投资企业股权时，确认非货币性资产转让收入的实现。

三、个人应在发生上述应税行为的次月 15 日内向主管税务机关申报纳税。纳税人一次性缴税有困难的，可合理确定分期缴纳计划并报主管税务机关备案后，自发生上述应税行为之日起不超过 5 个公历年度内（含）分期缴纳个人所得税。

四、个人以非货币性资产投资交易过程中取得现金补价的，现金部分应优先用于缴税；现金不足以缴纳的部分，可分期缴纳。

个人在分期缴税期间转让其持有的上述全部或部分股权，并取得现金收入的，该现金收入应优先用于缴纳尚未缴清的税款。

五、本通知所称非货币性资产，是指现金、银行存款等货币性资产以外的资产，包括股权、不动产、技术发明成果以及其他形式的非货币性资产。

本通知所称非货币性资产投资，包括以非货币性资产出资设立新的企业，以及以非货币性资产出资参与企业增资扩股、定向增发股票、股权置换、重组改制等投资行为。

案例：2018 年 4 月，中国证监会发布了《关于核准鹏欣环球资源股份有限公司向姜照柏等发行股份购买资产并募集配套资金的批复》（证监许可〔2018〕758 号），核准了鹏欣环球资源股份有限公司（证券代码：600490，简称鹏欣资源）向姜照柏发行了 137666058 股股份、向姜雷发行 82599635 股股份购买相关资产。鹏欣资源向实际控制人姜照柏及一致行动人姜雷发行股份及支付现金购买其持有的宁波天弘益华贸易有限公司（简称宁波天弘）合计 100% 股权，进而间接取得 CAPM 公司的控制权，CAPM 的核心资产为南非奥尼金矿矿业权。

本次交易的现金对价为 40 000 万元，其余部分以鹏欣资源发行股份为对价支付。其中，姜照柏、姜雷分别以其持有的宁波天弘 62.5% 股权、37.5% 股权取得本次交易的现金对价和鹏欣资源发行的股份。本次交易完成后，鹏欣资源持有宁波天弘 100% 股权。本次交易的具体对价支付情况如表 3-1 所示。

表 3-1　鹏欣资源股权交易对价

交易对方	交易标的	交易作价/万元	现金支付对价	股份支付对价	
			金额/万元	金额/万元	股份数/股
姜照柏	宁波天弘 62.5% 股权	119 301.25	25 000	94 301.25	137 666 058
姜雷	宁波天弘 37.5% 股权	71 580.75	15 000	56 580.75	82 599 635
合计	宁波天弘 100% 股权	190 882	40 000	150 882	220 265 693

分析：姜照柏、姜雷将其持有的宁波天弘 100% 的股权向鹏欣资源投资入股，投资入股价为 190 882 万元，其中取得被投资企业的股票对价部分价值为 150 882 万元，剩余部分 40 000 万元为现金对价。该交易属于财税〔2015〕41 号文中规定的以非货币性资产参与上市公司的定向增发股票行为，对于个人投资者在投资交易发生时资产的增值部分可以适用分期缴税优惠政策。本案例中存在现金对价，现金对价应该优先用来缴纳个人所得税，交易金额为 19.08 亿元，取得的现金对价有 4 亿元，现金补价部分足够支付个人投资者应该缴纳的个人所得税。因此，姜照柏、姜雷两人应该在宁波天弘股权转让后取得鹏欣资源时一次结清股权转让的个人所得税税款，不存在适用分期缴税的优惠政策情况。

3. 小结

企业或个人用非货币性资产投资成立新的企业，其行为要分解为投资和转让资产两种行为进行所得税处理。其中，转让资产取得的所得属于应税所得，需要缴纳所得税。但是，考虑到投资人并没有取得货币性收入，所以允许其推迟纳税：投资人是企业法人的，可以在不超过 5 年期限内将其分期均匀计入相应年度的应纳税所得额，按规定计算缴纳企业所得税；投资人是个人的，如果一次性缴税有困难，可合理确定分期缴纳计划并报主管税务机关备案后，自发生上述应税行为之日起不超过 5 个公历年度内（含）分期缴纳个人所得税。

（二）企业的组织形式

企业的组织形式有多种，不同的组织形式可以生产或提供相同的产品或者劳务，但企业的组织形式不同，其面对的税收制度也可能不同。这种税制的差异给企业在成立时提供了一定的税收筹划空间。

1. 有限责任公司与合伙企业

在我国，企业的组织形式主要有个人独资企业、合伙企业和公司制企业（分为有限责任公司和股份有限公司两种）。几个自然人投资成立企业，一般要在合伙企业和有限责任公司之间进行选择。

> **《中华人民共和国公司法》中规定：**
> 　　有限责任公司的股东以其认缴的出资额为限对公司承担责任，由五十个以下股东出资设立。
>
> **《中华人民共和国合伙企业法》中规定：**
> 　　合伙企业分为普通合伙企业和有限合伙企业。普通合伙企业由普通合伙人组成，合伙人对合伙企业的债务承担无限连带责任。有限合伙企业由普通合伙人和有限合伙人组成，普通合伙人对合伙企业的债务承担无限连带责任，有限合伙人以其认缴的出资额为限对合伙企业的债务承担责任；有限合伙企业至少应当有一个普通合伙人；有限合伙企业由两个以上五十个以下合伙人设立。

如果成立有限责任公司，在公司层面先要缴纳 25% 的企业所得税，继而股东个人分得的股息、红利还要缴纳 20% 的个人所得税。因此，如果企业缴纳所得税前应分配给一个股东的利润是 10 000 元，那么征收两道税后，个人只能得到 10 000×（1−25%）×（1−20%）= 6 000 元，平均税率为 40%。

如果成立合伙企业，仅对投资者个人征收个人所得税，2019 年后经营所得适用的税率如表 3-2 所示。

表 3-2　经营所得个人所得税税率表

级数	全年应纳税所得额	税率/%	速算扣除数
1	不超过 30 000 元的	5	0
2	超过 30 000 元至 90 000 元的部分	10	1 500
3	超过 90 000 元至 300 000 元的部分	20	10 500
4	超过 300 000 元至 500 000 元的部分	30	40 500
5	超过 500 000 元的部分	35	65 500

所以，仅从税负角度考虑，几个自然人投资成立的企业，以合伙企业这种组织形式较好。不过要注意的是，由于目前小型微利企业可以享受到诸多的税收优惠，对于规模较小的企业而言，设立公司的税负可能更轻。

2. 分公司与子公司

企业设立分支机构有两种组织形式可选：分公司和子公司。两种不同的组织形式中所得税处理在方式上是不同的。分公司不具有独立的法人资格，不能独立承担民事责任，在法律上与总公司视为同一主体。分公司在纳税方面也同总公司作为一个纳税主体，将其成本、损失和所得并入总公司共同纳税。而子公司具有独立的法人资格，可以独立承担民事责任，在法律上与总公司视为两个主体。子公司在纳税方面同总公司相分离，作为一个独立的纳税主体承担纳税义务，其成本、损失和所得全部独立核算，独立缴纳企业所得税和其他各项税收。

两种组织形式在法律地位上的不同导致了两种分支机构在税收方面各有利弊，分公司由于可以和总公司合并纳税，因此分支机构的损失可以抵消总公司的所得，从而降低公司整体的应纳税所得额，子公司则不享有这种优势。但子公司可以享受法律以及当地政府所规定的各种税收优惠政策，如减免企业所得税。所以，企业如何选择分支机构的形式需要综合考虑分支机构的盈利能力，尽量在分支机构亏损期间采取分公司的形式，而在分支机构盈利期间采取子公司的形式。

一般来讲，分支机构在设立初期需要大量投资，一般处于亏损状态，经过一段时间的发展以后开始盈利。因此一般在设立分支机构初期采取分公司的形式，在盈利后转而采取子公司的形式。需要注意的是，企业本身所适用的税率与准备设立的分支机构所适用的税率不同时，企业对其分支机构选择分公司还是子公司的形式差别很大。如果本企业所适用的税率高于分支机构所适用的税率，则选择子公司的形式比较有利，反之选择分公司的形式比较有利。

案例一：某公司准备设立一个分支机构，原计划设立全资子公司。预计该子公司从2020年至2023年度的应纳税所得额分别为-1 000万元、-500万元、1 000万元、2 000万元。该子公司四年分别缴纳企业所得税为0万元、0万元、0万元、375万元。请对此提出税收筹划。

方案：由于该子公司前期亏损、后期盈利，可以考虑该公司先设立分公司，第三年再将分公司转变为子公司。分公司在2020年、2021年的亏损可以弥补总公司的应纳税所得，使总公司分别少缴纳企业所得税250万元和125万元。从2022年开始，分公司变为子公司独立纳税。2022年、2023年，子公司应纳税额分别为250万元、500万元。

从2020年到2023年，该分支机构无论作为子公司还是分公司，纳税总额是相同的，都是375万元，但设立分公司可以在2020年、2021年度弥补亏损，而设立子公司只能等到2022年、2023年再弥补亏损。因此，先设立分公司，使得提前两年弥补了亏损，相当于获得了250万元和125万元的无息贷款，其所节省的利息就是该税收筹划的收益。

案例二：某公司投资1 000万元设立子公司，从事符合条件的环境保护、节能节水项目，可以享受自项目取得第一笔生产经营收入的纳税年度起，第一年至第三年免征企业所得税，第四年至第六年减半征收企业所得税的税收优惠政策。由于设立初期需要大量投入基础建设和研究开发费用，预计该子公司第一年亏损 500 万元，第二年亏损 200 万元，第三年亏损 100 万元、第四年盈利 200 万元，第五年盈利 400 万元，第六年盈利 600 万元。请提出税收筹划方案。

分析：假设该公司在设立分支机构之前进行税收筹划，预计到分支机构在设立前几年会发生较大亏损，而第四年后有可能开始盈利，就可以先设立分公司。设立分公司的费用相对设立子公司还要低一些。无论是设立子公司，还是设立分公司，企业在设立初期所需要的投资和开发费用是大体相当的，在生产经营方面也不会有大的差异。因此，该分公司前三年的状况分别为亏损 500 万元、200 万元和 100 万元。但从第四年起，把分公司组建为子公司，那么子公司成立后前三年的盈利状况就分别为 200 万元、400 万元和 600 万元，可以享受第一年至第三年免征企业所得税的优惠政策。

方案一：直接成立子公司，该子公司前三年发生的亏损可以在五年内予以弥补。弥补亏损后，第四年、第五年应纳税所得额均为 0，第六年应纳税所得额为 400 万元。由于子公司可以享受减半征税的优惠，第六年应纳企业所得税额为 $400 \times 25\% \times 50\% = 50$ 万元。

方案二：先成立分公司，第四年组建子公司。前三年分公司的亏损可以抵免总公司的应税所得，为总公司节约企业所得税：$(500 + 200 + 100) \times 25\% = 200$ 万元。后三年性质变为子公司，可以享受到三年免征企业所得税的优惠，子公司应纳税额为 0。

如果把分支机构和总公司视为一个整体的话，方案二比方案一为企业整体节约所得税额 250 万元。在实际操作过程中，变更企业性质会涉及一些费用，但只要这些费用低于通过筹划所节约的所得税额，税收筹划就是有利的。

案例三：我国一家跨国公司 A 计划在甲国投资兴建一家花草种植加工企业，A 公司于 2018 年年底派遣一名顾问去甲国进行投资情况考察，该顾问在选择分公司还是子公司时，专门向有关部门进行了投资与涉外税收政策方面的咨询。根据分析，该跨国公司的总公司 2019 年应纳税所得额为 5 000 万美元，按我国公司所得税的规定应缴纳 25% 的公司所得税；2019 年在甲国投资的 B 企业发生亏损额 300 万美元；A 公司在乙国有一家子公司 C，2019 年 C 公司的应纳税所得额为 1 000 万美元，乙国的公司所得税税率为 40%。请提出若干投资方案，并提出税收筹划方案。

分析：从投资活动和税收筹划角度分析，对于 C 公司在 A 国投资所设立的从属机构，其设立的形式不同，投资对象不同，税负都是不一样的。具有法人资格的企业要在当地缴纳企业所得税，同时该企业的亏损不能由母公司的利润予以弥补。不具有法人资格的企业，在当地往往也需要缴纳企业所得税，但是其亏损可以由总公司的利润予以弥补。具体有三种方案可供选择。

方案一：由 A 公司或 C 公司在甲国投资设立子公司 B，此时 B 公司的亏损由该公司在以后年度弥补，A 公司和 C 公司纳税总额：5 000×25% + 1 000×40% = 1 650 万美元。

方案二：由 A 公司在甲国投资设立分公司 B，B 公司的亏损同样不能在 A 公司内弥补，B 公司的亏损由该公司在以后年度弥补，A 公司和 C 公司纳税总额：5 000×25% + 1 000×40% = 1 650 万美元。

方案三：由 C 公司在甲国投资设立分公司 B，B 公司的亏损可以在 C 公司内弥补，A 公司和 C 公司纳税总额：5 000×25% + （1 000−300）×40% = 1 530 万美元。

综上所述，方案三的应纳税额最低，优于其他方案。

（三）企业筹资方式

筹资是任何企业都要面临的问题，是企业一系列生产经营活动的前提条件。筹资时要考虑的因素众多，税收因素也在其中。利用不同融资方式、不同融资条件对税收的影响，精心设计企业融资项目，以实现企业税后利润最大化，是税收筹划的任务和目的。最常见的筹资方式有以下几种：

（1）发行债券越来越成为大企业融资的主要方案。发行债券的筹资方式，由于筹资对象广、市场大，比较容易寻找降低融资成本、提高整体收益的方法。

（2）借款也是企业较常使用的融资方式。企业可以向金融机构借款、向其他企业借款，也可以采用内部集资方式。借款利息可以在税前扣除，从而冲减企业所得税的税基，减少企业所得税的纳税义务。采用向其他企业借款方式，由于只涉及企业和被借款企业，如果二者存在一定的关联关系，就可以通过利润的平均分摊来减轻税收负担。当然，这种方式需要控制在合理的范围之内，否则可能受到关联企业转移定价的规制。采用内部集资方式，由于涉及的人员较多，非常容易使纳税盈利规模分散化而降低应纳税款。

（3）企业以自我积累方式进行筹资。这种方式所需要的时间比较长，无法满足绝大多数企业的生产经营需要。

（4）发行股票这种方式适用范围相对比较狭窄，仅仅属于上市公司融资的选择方案之一，非上市公司没有权利选择这一融资方式。发行股票融资有众多优点，如不用偿还本金、没有债务压力，但是发行股票所支付的股息与红利是在税后利润中进行的，无法像债券利息或借款利息那样享受抵扣所得额的税收优惠。而且发行股票融资的成本相对来说比较高，并非绝大多数企业所能选择的融资方案。

一般情况下，企业以发行普通股票方式筹资所承受的税负重于向银行借款所承受的税负，而借款筹资所承担的税负又重于向社会发行债券承担的税负。对不能发行股票及债券的中小企业来说，向金融机构贷款所承受的税收负担要重于企业间借贷所承受的税收负担，企业间借贷的税收负担要重于企业内部集资的税收负担。

此外，企业还可以通过联合经营来进行税收筹划，即以一个主体厂为中心，与有一定生产设备基础的若干企业联合经营。比如由主体厂提供原材料，成员厂加工零配件，再卖给主体厂，主体厂组装完成产品并负责销售。这样，可以充分利用成员厂的场地、劳动力、设备和资源进行规模化生产，提高效率。适当利用各成员厂之间的关联关系，可以减轻整体的税收负担。世界性的大公司都是通过这种全球经营的方式来获得最佳的经营效益的。

案例一：某公司计划投资 100 万元用于一项新产品的生产，在专业人员的指导下制订了三个方案。假设公司的资本结构如表 3-3 所示，三个方案的债务利率均为 10%，企业所得税税率为 25%。那么，哪种方式下权益资本投资利润率最高？

表 3-3　权益资本投资利润率

项目	方案 A	方案 B	方案 C
	0：100	20：80	60：40
息税前利润/万元	30	30	30
利率/%	10	10	10
税前利润/万元	30	28	24
纳税额	7.5	7	6
税后利润/万元	22.5	21	18
权益资本利润率/%	22.5	26.25	45

分析：通过对比 A、B、C 三种方案可以看出，在息税前利润和贷款利率不变的条件下，随着企业负债比例的提高，权益资本利润率在不断增加，实现了股东收益最大化。但是要注意的是，负债比例并非越高越好，因为负债比例升高会相应影响将来的融资成本和财务风险。

案例二：甲公司 2019 年度向 10 位自然人借款 100 万元，约定年利率为 15%。甲公司可以提供的当地最高金融机构同期同类贷款利率为 6%。请计算甲公司多缴纳的企业所得税以及应当代扣代缴的个人所得税，并提出税收筹划方案。

分析：甲公司需要支付年度利息 1 000 000×15% = 150 000 元，允许在税前扣除的利息为 1 000 000×6% = 60 000 元，不得在税前扣除的利息为 150 000 - 60 000 = 90 000 元。该利息在以后年度也不能扣除，因此，企业需要为此多缴纳企业所得税 90 000×25% = 22 500 元。甲公司需要代扣代缴个人所得税 150 000×20% = 30 000 元。

如果甲公司将借款利率降低为 6%，此时支付的 6 万元利息可以全部税前扣除，少纳企业所得税 22 500 元。同时，需要代扣代缴个人所得税 60 000×20% = 12 000 元，少纳个人所得税 30 000 - 12 000 = 18 000 元。债权人少取得 9 万元利息，甲公司采用其他方式转移给债权人。如甲公司与债权人签订劳务合同，为甲公司提供咨询劳务或者其他劳务，这样甲公司可以在一年内将少付的 9 万元利息以不需要缴纳个人所得税的劳务报酬形式发放给债权人，那么可以避免多缴纳企业所得税，也为债权人少代扣代缴个人所得税。

（四）薪酬政策

1. 企业年金

目前，我国对于企业建立补充养老保险，即企业年金，无论是在企业所得税还是个人所得税上都给予了一定的税收优惠。这样，企业就面临着是当期多给职工发一点工资，还是给职工购买企业年金的选择。当期发的工资作为企业的成本费用在企业所得税前可以扣除，但要为职工代扣代缴个人所得税。如果从当期应发的工资中拿出一部分为职工支付企业年金，则可以有一部分免征个人所得税。

《关于企业年金、职业年金个人所得税有关问题的通知》（财税〔2013〕103 号）中规定：

一、企业年金和职业年金缴费的个人所得税处理

1. 企业和事业单位（以下统称单位）根据国家有关政策规定的办法和标准，为在本单位任职或者受雇的全体职工缴付的企业年金或职业年金（以下统称年金）单位缴费部分，在计入个人账户时，个人暂不缴纳个人所得税。

2. 个人根据国家有关政策规定缴付的年金个人缴费部分，在不超过本人缴费工资计税基数的 4% 标准内的部分，暂从个人当期的应纳税所得额中扣除。

3. 超过本通知第一条第 1 项和第 2 项规定的标准缴付的年金单位缴费和个人缴费部分，应并入个人当期的工资、薪金所得，依法计征个人所得税。税款由建立年金的单位代扣代缴，并向主管税务机关申报解缴。

4. 企业年金个人缴费工资计税基数为本人上一年度月平均工资。月平均工资按国家统计局规定列入工资总额统计的项目计算。月平均工资超过职工工作地所在设区城市上一年度职工月平均工资 300% 以上的部分，不计入个人缴费工资计税基数。

职业年金个人缴费工资计税基数为职工岗位工资和薪级工资之和。职工岗位工资和薪级工资之和超过职工工作地所在设区城市上一年度职工月平均工资300%以上的部分，不计入个人缴费工资计税基数。

二、年金基金投资运营收益的个人所得税处理

年金基金投资运营收益分配计入个人账户时，个人暂不缴纳个人所得税。

三、领取年金的个人所得税处理

1. 个人达到国家规定的退休年龄，在本通知实施之后按月领取的年金，全额按照"工资、薪金所得"项目适用的税率，计征个人所得税；在本通知实施之后按年或按季领取的年金，平均分摊计入各月，每月领取额全额按照"工资、薪金所得"项目适用的税率，计征个人所得税。

从上述规定可知，我国企业年金计划运行的三大环节：缴费、投资、领取，实行EET模式的个人所得税政策。其中，E（exemption）代表免税，T（taxation）代表征税。这本质上是一种推迟课税的个人所得税政策。如果企业当期不发工资，而是替职工缴纳补充性的养老保险，则职工工资的个人所得税可推迟到几十年后领取时缴纳，而那时税款的现值要比当期缴纳的金额大打折扣。因此职工能够从企业年金计划中得到个人所得税的减免，企业用于职工的劳动力成本（工资加各种缴费）可能降低，企业也可能从中得到一定的利益。当然，企业为职工缴纳的补充养老保险费也不是完全都可以在税前扣除，而是有一定的上限。

《财政部 国家税务总局关于补充养老保险费 补充医疗保险费有关企业所得税政策问题的通知》（财税〔2009〕27号）中规定：

自2008年1月1日起，企业根据国家有关政策规定，为在本企业任职或者受雇的全体员工支付的补充养老保险费、补充医疗保险费，分别在不超过职工工资总额5%标准内的部分，在计算应纳税所得额时准予扣除；超过的部分，不予扣除。

2. 商业养老保险

除了企业年金外，我国也在积极鼓励养老保险制度中的"第三支柱"商业养老保险的发展。对试点地区个人通过个人商业养老资金账户购买符合规定的商业养老保险产品的支出，允许在一定标准内税前扣除；计入个人商业养老资金账户的投资收益，暂不征收个人所得税；个人领取商业养老时再征收个人所得税。

《关于开展个人税收递延型商业养老保险试点的通知》（财税〔2018〕22号）中规定：

（一）试点地区及时间。

自2018年5月1日起，在上海市、福建省（含厦门市）和苏州工业园区实施个人税收递延型商业养老保险试点。试点期限暂定一年。

（二）试点政策内容。

对试点地区个人通过个人商业养老资金账户购买符合规定的商业养老保险产品的支出，允许在一定标准内税前扣除；计入个人商业养老资金账户的投资收益，暂不征收个人所得税；个人领取商业养老金时再征收个人所得税。具体规定如下：

1. 个人缴费税前扣除标准。取得工资薪金、连续性劳务报酬所得的个人，其缴纳的保费准予在申报扣除当月计算应纳税所得额时予以限额据实扣除，扣除限额按照当月工资薪金、连续性劳务报酬收入的6%和1 000元孰低办法确定。取得个体工商户生产经营所得、对企事业单位的承包承租经营所得的个体工商户业主、个人独资企业投资者、合伙企业自然人合伙人和承包承租经营者，其缴纳的保费准予在申报扣除当年计算应纳税所得额时予以限额据实扣除，扣除限额按照不超过当年应税收入的6%和12 000元孰低办法确定。

2. 账户资金收益暂不征税。计入个人商业养老资金账户的投资收益，在缴费期间暂不征收个人所得税。

3. 个人领取商业养老金征税。个人达到国家规定的退休年龄时，可按月或按年领取商业养老金，领取期限原则上为终身或不少于15年。个人身故、发生保险合同约定的全残或罹患重大疾病的，可以一次性领取商业养老金。

对个人达到规定条件时领取的商业养老金收入，其中25%部分予以免税，其余75%部分按照10%的比例税率计算缴纳个人所得税，税款计入"其他所得"项目。

这样，我国"三支柱"的养老保险体系都有相应配套的税收优惠政策，同时也给企业和个人提供了一定的税收"避风港"。

二、重组业务税收筹划

企业重组是指企业在日常经营活动以外发生的法律结构或经济结构重大改变的交易，包括企业法律形式改变、债务重组、股权收购、资产收购、合并、分立等。企业重组涉及税收问题，如何减少重组过程中的税收负担，是企业税收筹划面临的重要问题。

税收是企业重组交易中的一项成本，与一般的商品或服务交易标的相比，企业重组业务的交易金额要大得多。在大额的交易中必然会涉及大额的税收问题，税收问题的解决情况也会对重组交易的进展以及合规性等产生一定的影响，尤其是一些没有现金支付仅有股权和债权支付的并购重组交易。重组业务对企业来说属于非常规业务或者偶然业务，企业对其中涉及的税收政策的理解把握远不及对其主营业务的税务处理，在并购重组业务发生时产生税务风险的可能性就比较大了。

（一）政策文件

1. 主要政策文件

一、企业所得税政策文件
1.《财政部 国家税务总局关于企业重组业务企业所得税处理若干问题的通知》（财税〔2009〕59号）
2.《财政部 国家税务总局关于企业清算业务企业所得税处理若干问题的通知》（财税〔2009〕60号）
3.《国家税务总局关于发布〈企业重组企业所得税管理办法〉的公告》（国家税务总局公告2010年第4号）
4.《财政部 国家税务总局关于促进企业重组有关企业所得税处理问题的通知》（财税〔2014〕109号）

5.《财政部 国家税务总局关于非货币资产投资企业所得税处理问题的通知》（财税〔2014〕116 号）

6.《国家税务总局关于非货币资产投资企业所得税有关征管问题的公告》（国家税务总局公告 2015 年第 33 号）

7.《国家税务总局关于资产（股权）划转企业所得税征管问题的公告》（国家税务总局公告 2015 年第 40 号）

8.《国家税务总局关于企业重组业务企业所得税征收管理若干问题的公告》（国家税务总局公告 2015 年第 48 号）

9.《国家税务总局关于全民所有制企业公司制改制企业所得税处理问题的公告》（国家税务总局公告 2017 年第 34 号）

二、增值税政策文件

1.《国家税务总局关于纳税人资产重组有关增值税问题的公告》（国家税务总局公告 2011 年第 13 号）

2.《国家税务总局关于纳税人资产重组有关增值税问题的公告》（国家税务总局公告 2013 年第 66 号）

3.《财政部 国家税务总局关于全面推开营业税改征增值税试点的通知》（财税〔2016〕36 号）（节选）

三、契税政策文件

《财政部 税务总局关于继续支持企业事业单位改制重组有关契税政策的通知》（财税〔2018〕17 号）

四、土地增值税政策文件

《财政部 税务总局关于继续实施企业改制重组有关土地增值税政策的通知》（财税〔2018〕57 号）

五、印花税政策文件

《财政部 国家税务总局关于企业改制过程中有关印花税政策的通知》（财税〔2003〕183 号）

2. 重点条款解读

《财政部 国家税务总局关于企业重组业务企业所得税处理若干问题的通知》（财税〔2009〕59 号）中规定：

一、本通知所称企业重组，是指企业在日常经营活动以外发生的法律结构或经济结构重大改变的交易，包括企业法律形式改变、债务重组、股权收购、资产收购、合并、分立等。

（一）企业法律形式改变，是指企业注册名称、住所以及企业组织形式等的简单改变，但符合本通知规定其他重组的类型除外。

（二）债务重组，是指在债务人发生财务困难的情况下，债权人按照其与债务人达成的书面协议或者法院裁定书，就其债务人的债务作出让步的事项。

（三）股权收购，是指一家企业（以下称为收购企业）购买另一家企业（以下称为被收购企业）的股权，以实现对被收购企业控制的交易。收购企业支付对价的形式包括股权支付、非股权支付或两者的组合。

（四）资产收购，是指一家企业（以下称为受让企业）购买另一家企业（以下称为转让企业）实质经营性资产的交易。受让企业支付对价的形式包括股权支付、非股权支付或两者的组合。

（五）合并，是指一家或多家企业（以下称为被合并企业）将其全部资产和负债转让给另一家现存或新设企业（以下称为合并企业），被合并企业股东换取合并企业的股权或非股权支付，实现两个或两个以上企业的依法合并。

（六）分立，是指一家企业（以下称为被分立企业）将部分或全部资产分离转让给现存或新设的企业（以下称为分立企业），被分立企业股东换取分立企业的股权或非股权支付，实现企业的依法分立。

二、本通知所称股权支付，是指企业重组中购买、换取资产的一方支付的对价中，以本企业或其控股企业的股权、股份作为支付的形式；所称非股权支付，是指以本企业的现金、银行存款、应收款项、本企业或其控股企业股权和股份以外的有价证券、存货、固定资产、其他资产以及承担债务等作为支付的形式。

三、企业重组的税务处理区分不同条件分别适用一般性税务处理规定和特殊性税务处理规定。

四、企业重组，除符合本通知规定适用特殊性税务处理规定的外，按以下规定进行税务处理：

（一）企业由法人转变为个人独资企业、合伙企业等非法人组织，或将登记注册地转移至中华人民共和国境外（包括港澳台地区），应视同企业进行清算、分配，股东重新投资成立新企业。企业的全部资产以及股东投资的计税基础均应以公允价值为基础确定。

企业发生其他法律形式简单改变的，可直接变更税务登记，除另有规定外，有关企业所得税纳税事项（包括亏损结转、税收优惠等权益和义务）由变更后企业承继，但因住所发生变化而不符合税收优惠条件的除外。

（二）企业债务重组，相关交易应按以下规定处理：

1. 以非货币资产清偿债务，应当分解为转让相关非货币性资产、按非货币性资产公允价值清偿债务两项业务，确认相关资产的所得或损失。

2. 发生债权转股权的，应当分解为债务清偿和股权投资两项业务，确认有关债务清偿所得或损失。

3. 债务人应当按照支付的债务清偿额低于债务计税基础的差额，确认债务重组所得；债权人应当按照收到的债务清偿额低于债权计税基础的差额，确认债务重组损失。

4. 债务人的相关所得税纳税事项原则上保持不变。

（三）企业股权收购、资产收购重组交易，相关交易应按以下规定处理：

1. 被收购方应确认股权、资产转让所得或损失。

2. 收购方取得股权或资产的计税基础应以公允价值为基础确定。

3. 被收购企业的相关所得税事项原则上保持不变。

（四）企业合并，当事各方应按下列规定处理：

1. 合并企业应按公允价值确定接受被合并企业各项资产和负债的计税基础。

2. 被合并企业及其股东都应按清算进行所得税处理。

3. 被合并企业的亏损不得在合并企业结转弥补。

（五）企业分立，当事各方应按下列规定处理：

1. 被分立企业对分立出去资产应按公允价值确认资产转让所得或损失。

2. 分立企业应公允价值确认接受资产的计税基础。

3. 被分立企业继续存在时，其股东取得的对价应视同被分立企业分配进行处理。

4. 被分立企业不再继续存在时，被分立企业及其股东都应按清算进行所得税处理。

5. 企业分立相关企业的亏损不得相互结转弥补。

五、企业重组同时符合下列条件的，适用特殊性税务处理规定：

（一）具有合理的商业目的，且不以减少、免除或者推迟缴纳税款为主要目的。

（二）被收购、合并或分立部分的资产或股权比例符合本通知规定的比例。

（三）企业重组后的连续12个月内不改变重组资产原来的实质性经营活动。

（四）重组交易对价中涉及股权支付金额符合本通知规定比例。

（五）企业重组中取得股权支付的原主要股东，在重组后连续12个月内，不得转让所取得的股权。

六、企业重组符合本通知第五条规定条件的，交易各方对其交易中的股权支付部分，可以按以下规定进行特殊性税务处理：

（一）企业债务重组确认的应纳税所得额占该企业当年应纳税所得额50%以上，可以在5个纳税年度的期间内，均匀计入各年度的应纳税所得额。企业发生债权转股权业务，对债务清偿和股权投资两项业务暂不确认有关债务清偿所得或损失，股权投资的计税基础以原债权的计税基础确定。企业的其他相关所得事项保持不变。

（二）股权收购，收购企业购买的股权不低于被收购企业全部股权的75%①，且收购企业在该股权收购发生时的股权支付金额不低于其交易支付总额的85%，可以选择按以下规定处理：

1. 被收购企业的股东取得收购企业股权的计税基础，以被收购股权的原有计税基础确定。

2. 收购企业取得被收购企业股权的计税基础，以被收购股权的原有计税基础确定。

3. 收购企业、被收购企业的原有各项资产和负债的计税基础和其他相关所得事项保持不变。

（三）资产收购，受让企业收购的资产不低于转让企业全部资产的75%②，且受让企业在该资产收购发生时的股权支付金额不低于其交易支付总额的85%，可以选择按以下规定处理：

1. 转让企业取得受让企业股权的计税基础，以被转让资产的原有计税基础确定。

2. 受让企业取得转让企业资产的计税基础，以被转让资产的原有计税基础确定。

（四）企业合并，企业股东在该企业合并发生时取得的股权支付金额不低于其交易支付总额的85%，以及同一控制下且不需要支付对价的企业合并，可以选择按以下规定处理：

1. 合并企业接受被合并企业资产和负债的计税基础，以被合并企业的原有计税基础确定。

2. 被合并企业合并前的相关所得事项由合并企业承继。

3. 可由合并企业弥补的被合并企业亏损的限额＝被合并企业净资产公允价值×截至合并业务发生当年年末国家发行的最长期限的国债利率。

4. 被合并企业股东取得合并企业股权的计税基础，以其原持有的被合并企业股权的计税基础确定。

（五）企业分立，被分立企业所有股东按原持股比例取得分立企业的股权，分立企业和被分立企业均不改变原来的实质经营活动，且被分立企业股东在该企业分立发生时取得的股权支付金额不低于其交易支付总额的85%，可以选择按以下规定处理：1. 分立企业接受被分立企业资产和负债的计税基础，以被分立企业的原有计税基础确定。2. 被分立企业已分立出去资产相应的所得税事项由分立企业承继。3. 被分立企业未超过法定弥补期限的亏损额可按分立资产占全部资产的比例进行分配，由分立企业继续弥补。4. 被分立企业的股东取得分立企业的股权（以下简称"新股"），如需部分或全部放弃原持有的被分立企业的股权（以下简称"旧股"），"新股"的计税基础应以放弃"旧股"的计税基础确定。如不需放弃"旧股"，则其取得"新股"的计税基础可从以下两种方法中选择确定：直接将"新股"的计税基础确定为零；或者以被分立企业分立出去的净资产占被分立企业全部净资产的比例先调减原持有的"旧股"的计税基础，再将调减的计税基础平均分配到"新股"上。

（六）重组交易各方按本条（一）至（五）项规定对交易中股权支付暂不确认有关资产的转让所得或损失的，其非股权支付仍应在交易当期确认相应的资产转让所得或损失，并调整相应资产的计税基础。

非股权支付对应的资产转让所得或损失＝（被转让资产的公允价值－被转让资产的计税基础）×（非股权支付金额÷被转让资产的公允价值）

---

① 《财政部 国家税务总局关于促进企业重组有关企业所得税处理问题的通知》（财税〔2014〕109号）规定，自2014年1月1日起，该比例由75%修改为50%。

② 《财政部 国家税务总局关于促进企业重组有关企业所得税处理问题的通知》（财税〔2014〕109号）规定，自2014年1月1日起，该比例由75%修改为50%。

七、企业发生涉及中国境内与境外之间（包括港澳台地区）的股权和资产收购交易，除应符合本通知第五条规定的条件外，还应同时符合下列条件，才可选择适用特殊性税务处理规定：

（一）非居民企业向其100%直接控股的另一非居民企业转让其拥有的居民企业股权，没有因此造成以后该项股权转让所得预提税负担变化，且转让方非居民企业向主管税务机关书面承诺在3年（含3年）内不转让其拥有受让方非居民企业的股权；

（二）非居民企业向与其具有100%直接控股关系的居民企业转让其拥有的另一居民企业股权；

（三）居民企业以其拥有的资产或股权向其100%直接控股的非居民企业进行投资；

（四）财政部、国家税务总局核准的其他情形。

八、本通知第七条第（三）项所指的居民企业以其拥有的资产或股权向其100%直接控股关系的非居民企业进行投资，其资产或股权的转让收益如选择特殊性税务处理，可以在10个纳税年度内均匀计入各年度应纳税所得额。

九、在企业吸收合并中，合并后的存续企业性质及适用税收优惠的条件未发生改变的，可以继续享受合并前该企业剩余期限的税收优惠，其优惠金额按存续企业合并前一年的应纳税所得额（亏损计为零）计算。

在企业存续分立中，分立后的存续企业性质及适用税收优惠的条件未发生改变的，可以继续享受分立前该企业剩余期限的税收优惠，其优惠金额按该企业分立前一年的应纳税所得额（亏损计为零）乘以分立后存续企业资产占分立前该企业全部资产的比例计算。

十、企业在重组发生前后连续12个月内分步对其资产、股权进行交易，应根据实质重于形式原则将上述交易作为一项企业重组交易进行处理。

十一、企业发生符合本通知规定的特殊性重组条件并选择特殊性税务处理的，当事各方应在该重组业务完成当年企业所得税年度申报时，向主管税务机关提交书面备案资料，证明其符合各类特殊性重组规定的条件。企业未按规定书面备案的，一律不得按特殊重组业务进行税务处理。

《国家税务总局关于发布〈企业重组企业所得税管理办法〉的公告》（国家税务总局公告2010年第4号）中规定：

第四条　同一重组业务的当事各方应采取一致税务处理原则，即统一按一般性或特殊性处理。

第五条　《通知》第一条第（四）项所称实质经营性资产，是指企业用于从事生产经营活动、与产生经营收入直接相关的资产，包括经营所用各类资产、企业拥有的商业信息和技术、经营活动产生的应收款项、投资资产等。

第六条　《通知》第二条所称控股企业，是指由本企业直接持有股份的企业。

《国家税务总局关于企业重组业务企业所得税征收管理若干问题的公告》（国家税务总局公告2015年第48号）中规定：

一、按照重组类型，企业重组的当事各方是指：

（一）债务重组中当事各方，指债务人、债权人。

（二）股权收购中当事各方，指收购方、转让方及被收购企业。

（三）资产收购中当事各方，指收购方、转让方。

（四）合并中当事各方，指合并企业、被合并企业及被合并企业股东。

（五）分立中当事各方，指分立企业、被分立企业及被分立企业股东。上述重组交易中，股权收购中转让方、合并中被合并企业股东和分立中被分立企业股东，可以是自然人。当事各方中的自然人应按个人所得税的相关规定进行税务处理。

三、财税〔2009〕59号文件第十一条所称重组业务完成当年，是指重组日所属的企业所得税纳税年度。

企业重组日的确定，按以下规定处理：

1. 债务重组，以债务重组合同（协议）或法院裁定书生效日为重组日。

> 2. 股权收购，以转让合同（协议）生效且完成股权变更手续日为重组日。关联企业之间发生股权收购，转让合同（协议）生效后 12 个月内尚未完成股权变更手续的，应以转让合同（协议）生效日为重组日。
>
> 3. 资产收购，以转让合同（协议）生效且当事各方已进行会计处理的日期为重组日
>
> 4. 合并，以合并合同（协议）生效、当事各方进行会计处理且完成工商新设登记或变更登记日为重组日。按规定不需要办理工商新设或变更登记的合并，以合并合同（协议）生效且当事各方已进行会计处理的日期为重组日。
>
> 5. 分立，以分立合同（协议）生效、当事各方已进行会计处理且完成工商新设登记或变更登记日为重组日。

2. 文件解读

2010 年 8 月发布的《国务院关于促进企业兼并重组的意见》（国发〔2010〕27 号）中强调，加强对企业兼并重组的引导和政策扶持，落实税收优惠政策，研究完善支持企业兼并重组的财税政策。对企业兼并重组涉及的资产评估增值、债务重组收益、土地房屋权属转移等给予税收优惠，具体按照财政部、国家税务总局发布的《财政部 国家税务总局关于企业重组业务企业所得税处理若干问题的通知》（财税〔2009〕59 号）等规定执行。

在现行的企业重组税收政策中，最复杂、最疑难以及最晦涩的要数企业所得税政策。财税〔2009〕59 号文是重组业务企业所得税处理的纲领性文件，为企业重组业务企业所得税处理设定了基本的框架和准则，同时也奠定了新税法下并购重组业务企业所得税政策的基调和管理制度。国家税务总局公告 2010 年第 4 号公告澄清了财税〔2009〕59 号文中诸多不明确的内容。财税〔2014〕109 号文和财税〔2014〕116 号文完善了企业所得税政策，并通过国家税务总局公告 2015 年第 33 号、国家税务总局公告 2015 年第 40 号、国家税务总局公告 2015 年第 48 号文进行政策的落实。这些文件完善了财税〔2009〕59 号文奠定的重组业务的企业所得税政策体系的形成，解决了很多实际工作中长期存在的政策性和征管性问题。

（二）重组业务的税务要点

1. 重组业务在方案设计时交易价格、支付方式和支付工具、奖励和补偿等安排都会对税款的缴纳产生重要的影响

重组业务对企业来说属于非常规业务或者偶然业务，企业对其中涉及的税收政策的理解把握不及对其主营业务的税务处理，在重组业务发生时产生税务风险的可能性就比较大了。

2. 交易价格是交易双方谈判的重要核心环节

交易价格的确认包含着两个因素：一是标的资产的自身估值水平，二是收购方支付工具的作价水平。交易价格的确定一般是参考第三方的估值结果，经过谈判确定的双方可以接受的价格。因此，不能直接将评估报告上的估值作为税收上的计税价格，评估报告只是确认交易价格的一个参考因素。

3. 支付方式主要有现金性资产支付和股份支付以及承债支付三种方式

其中，现金性资产支付方式可以分为用自有资金支付、发行股份募集资金支付、银行并购贷款支付、发行债务融资工具支付；股份支付可以分为发行普通股支付、发行优先股支付。现金性资产支付和承债支付，标的资产的转让方原则上来说无法享受递延或者分期纳税优惠政策，而采用股份支付则有可能享受递延或者分期纳税优惠政策。

4. 企业重组业务的税务处理在不同条件下分别适用一般性税务处理规定和特殊性税务处理规定

在满足特殊性税务处理条件时，重组的当事各方结合各自的纳税情况，经过协商后也可以一致性选择一般性税务处理。如在转让方存在亏损的情况下，可以选择适用。

一般性税务处理是按照企业所得税的基本规则，在交易发生时确认资产转让所得或者损失，发生权属变更的资产可以按照交易价格重新确认计税基础，计税基础是指企业资产所有者在出售该资产时允许扣除的金额。

特殊性税务处理是指在重组交易中，以股份作为支付对价时，所对应的发生权属变更的资产可暂时无须确认转让所得或者损失，但是，被收购方取得的作为支付对价的股份和收购方取得的资产（股权）计税基础都是以被转让资产（股权）的计税基础来确定。

需要特别注意的是：

（1）可以适用特殊性税务处理的主体只能是企业所得税的纳税义务人，不包括自然人、合伙企业。

（2）同一重组业务的当事各方应采取一致的税务处理原则。

（3）对于非股权支付部分对应的增值依然要在当期确认为所得，计算缴纳企业所得税，同时调整相应资产的计税基础。

从重组所得税制的基本原理和政策制定的出发点来说，一般性税务处理规定和特殊性税务处理最终结果的税负应该是一致的。

6. 适用特殊性税务处理应满足的基本条件

（1）合理的商业目的：具有合理的商业目的，且不以减少、免除或者推迟缴纳税款为主要目的。

（2）经营的连续性：企业重组后的连续 12 个月内不改变重组资产原来的实质性经营活动。

（3）权益的连续性（核心）：企业重组中取得股权支付的原主要股东，在重组后连续 12 个月内，不得转让所取得的股权。

被收购、合并或分立部分的资产或股权比例符合本通知规定的比例。

（4）缺乏纳税必要资金：重组交易对价中涉及股权支付金额符合本通知规定比例。

（三）案例分析

案例一（股权收购）：2008 年 9 月，四川双马（SZ. 00935）发布重大重组预案公告，公司将通过定向增发，向该公司的实际控制人拉法基中国海外控股公司（以下简称"拉法基中国"）发行 3.68 亿股 A 股股票，收购其持有的都江堰拉法基水泥有限公司（简称"都江堰拉法基"）50% 的股权。增发价 7.61 元/股。收购完成后，都江堰拉法基将成为四川双马的控股子公司。

都江堰拉法基成立时的注册资本为 8.57 亿元，其中都江堰市建工建材总公司的出资金额为 2.14 亿元，出资比例为 25%，拉法基中国的出资金额为 6.43 亿元，出资比例为 75%。

根据法律法规，拉法基中国承诺，本次认购的股票自发行结束起 36 个月内不上市交易或转让。

分析：此项股权收购完成后，四川双马将达到控制都江堰拉法基的目的，因此符合《财政部 国家税务总局关于企业重组业务企业所得税处理若干问题的通知》（财税〔2009〕59 号）规定中的股权收购的定义。

方案一：一般性税务处理。

尽管符合控股合并的条件以及所支付的对价均为上市公司的股权，但由于当时四川双马只收购了都江堰拉法基 50% 的股权，没有达到 75% 的要求，因此适用一般性税务处理。（注：2014 年 75% 的比例调整为 50%。）

转让方：拉法基中国应确认股权转让所得。股权转让所得＝取得对价的公允价值－原计税基础＝7.61×3.68－8.57×50%≈23.72 亿元。

由于拉法基中国的注册地在英属维尔京群岛，属于非居民企业，因此其股权转让应缴纳的所得税为 23.73×10%≈2.37 亿元。

收购方：四川双马取得对都江堰拉法基股权的计税基础应以公允价值为基础确定，即 28.01 亿元（7.61×3.68）。

被收购企业：都江堰拉法基的相关所得税事项保持不变。

方案二：特殊性税务处理。

假设其他条件不变，拉法基中国将转让的股权份额提高到 75%，也就是转让其持有的全部都江堰拉法基的股权，那么由于此项交易同时符合财税〔2009〕59 号规定的五个条件，因此可以选择特殊性税务处理。

转让方：拉法基中国暂不确认股权转让所得。

收购方：四川双马取得对都江堰拉法基股权的计税基础应以被收购股权的原有计税基础确定，即 4.29 亿元（8.57×50%）。

被收购企业：都江堰拉法基的相关所得税事项保持不变。

小结：一方面，如果拉法基中国采用特殊性税务处理方式，转让都江堰拉法基水泥有限公司 75% 的股权，则可以在当期避免大约 2.37 亿元的所得税支出。另一方面，2014 年 12 月 25 日，财政部、国家税务总局发布了《关于促进企业重组有关企业所得税处理问题的通知》（〔2014〕109 号），决定自 2014 年 1 月 1 日起将股权收购比例降低为 50% 适用特殊性税务处理规定。因此，如果拉法基中国在 2014 年 1 月 1 日以后收购股权，就可以在当期避免缴纳 2.37 亿元的所得税支出。当然，这对于企业来说是无法预见政策的变化。

案例二（资产收购）：甲企业是一家大型纺织品生产企业，为了扩展生产经营规模，甲企业决定收购位于同城的乙纺织企业。由于乙企业负债累累，为了避免整合后承担过高债务的风险，甲企业决定仅收购乙企业从事纺织品生产的所有资产。2019 年 5 月 9 日，双方达成收购协议。

乙企业所有资产经评估后的资产总额为 17 500 万元，涉及纺织品生产的资产情况如表 3-4 所示。

表 3-4 乙企业涉及纺织生产的资产情况

项目	账面价值	公允价值
设备	5 000	5 600
厂房	6 000	8 000

表3-4(续)

项目	账面价值	公允价值
存货	2 100	2 200
应收账款	1 600	1 500
合计	14 700	17 300

甲企业以 17 300 万元为准，向乙企业支付了以下两项对价：①支付现金 1 300 万元；②甲企业将其持有的全资子公司 20% 的股权合计 8 000 万股，支付给乙公司，该项长期股权投资的公允价值为 16 000 万元，计税基础为 8 000 万元。

分析：甲企业收购转让乙企业的资产占乙企业总资产的比例为 98.86%（17 300/17 500），超过了 50% 的比例。收购方股权支付金额为 16 000 万元，非股权支付金额为 1 300 万元，股权支付金额占交易总额的 92.48%（16 000/17 300），超过 85% 的比例。综合其他因素，甲企业对乙企业的这项资产收购可以适用特殊性税务处理。

方案：

（1）转让方

收到股权部分：以被转让股权的原有计税基础确定，暂不确认有关转让所得或损失。

收到现金部分：对应的转让所得 =（17 300 - 14 700）×1 300/17 300 ≈ 195.38 万元。乙企业需要就 195.38 万元缴纳企业所得税。

（2）收购方

甲企业支付的资产有两项：一是其持有的子公司 8 000 万股的股权，计税基础为 8 000 万元；二是现金 1 300 万元。

案例三（吸收合并）：甲和乙均属于 A 公司的全资子公司，甲公司与乙公司属于同一行业但无竞争关系业务，甲公司为盈利公司，乙公司为亏损公司。A 公司为了理顺管理流程，有效缩减管理层控制成本，同时增加自身经营实力，拟吸收合并甲公司。A 公司吸收合并甲公司后出于现金流角度，考虑解决乙公司贷款困境，维持乙公司正常持续经营状况，拟再吸收合并乙公司。

两次吸收合并后，A 公司存续，甲公司和乙公司均解散。对于 A 公司而言，吸收合并甲公司、乙公司是集团内部实施的资产重组的行为，本质上是集团内部企业之间的资产或权益的转移。

假设 A 公司对甲公司的投资成本为 10 000 万元，对乙公司的投资成本为 4 000 万元，甲、乙两家公司重组日的财务状况如表 3-5 所示。

表 3-5 甲、乙两家公司重组日的财务状况表 单位：万元

项目	甲公司		乙公司	
	账面价值	评估价值	账面价值	评估价值
资产总额	46 800	52 800	1 700	1 200
负债总额	36 000	36 000	1 100	1 100
所有者权益	10 800	16 800	600	100
其中：实收资本	10 000		4 000	
盈余公积	800			
未分配利润			-3 400	

对于上述资产重组事项，甲公司、乙公司始终受 A 公司共同控制，属于同一控制下的不需要支付对价的吸收合并。按照《企业会计准则第 20 号——企业合并》的规定，合并日（资产重组日）A 公司按照被合并公司资产和负债的账面价值确认入账，该同一控制下企业合并对 A 公司合并报表无影响。

分析：上述资产重组事项属于同一控制下且不需要支付对价的企业合并。从最终控制方 A 公司的角度，该项重组交易仅是 A 公司原本已控制的资产、负债空间位置的转移，原则上不应该影响所涉及资产、负债的计价基础变化。上述资产重组事项在同时满足五项特殊性税务处理条件的情况下，可适用特殊性税务处理。

问题：（1）A 公司吸收合并甲公司，应选择一般性税务处理还是特殊性税务处理？

A 公司吸收合并甲公司，甲公司解散。资产重组日，甲公司净资产评估价值 16 800 万元，评估增值 6 000 万元。

方案一：一般性税务处理。

甲公司税务注销时，须缴纳企业所得税 1 500（6 000×25%）万元。

方案二：特殊性税务处理。

甲公司的资产负债以账面价值作为计税基础，因此甲公司税务注销时评估增值无须缴纳企业所得税。

小结：通过对 A 公司吸收合并甲公司的两个方案比较，可知选择特殊性税务处理在资产重组日少缴纳企业所得税 1 500 万元，该项差异虽然为时间性差异，但对 A 公司而言，可以减少现金流支出，同时减少财务费用。因此，A 公司吸收合并甲公司，应选择特殊性税务处理。

（2）A 公司吸收合并乙公司，应选择一般性税务处理还是特殊性税务处理？

A 公司吸收合并乙公司，乙公司解散。资产重组日乙公司净资产评估价值为 100 万元，评估减值 500 万元。

方案一：一般性税务处理。

乙公司税务注销时无须缴纳企业所得税，但是累计亏损 3 400 万元和评估减值 500 万元不得结转至吸收合并后 A 公司以后年度利润进行抵减。

但是，A 公司初始投资成本 4 000 万元与乙公司净资产评估价值 100 万元的差异 3 900 万元确认投资损失，可抵减企业所得税 975（3 900×25%）万元。其中 500 万元评估减值为时间性差异，待乙公司资产负债转销时转回。

方案二：特殊性税务处理。

乙公司的资产负债以账面价值作为计税基础。

A 公司初始投资成本 4 000 万元与乙公司净资产账面价值 600 万元的差异为 3 400 万元，确认投资损失，可抵减企业所得税 850（3 400×25%）万元。

乙公司被合并前的亏损，可由合并后 A 公司抵减的限额＝乙公司净资产评估价值 100 万元×截至合并业务发生当年年末国家发行的最长期限的国债利率。因乙公司净资产评估价值仅为 100 万元，该项可抵减亏损可忽略不计。

小结：通过对 A 公司吸收合并乙公司的两个方案比较，可知选择一般性税务处理在资产重组日少缴企业所得税 125 万元（975－850），该项差异虽然为时间性差异，但对 A 公司而言，可以减少现金流支出，同时减少财务费用。因此，A 公司吸收合并乙公司，应选择一般性税务处理。

综上所述，企业集团内部吸收合并方式的资产重组，若该项资产重组符合特殊性税务处理条件，企业集团具有企业重组的税务处理方式的选择权。一般情况下，被吸收合并企业净资产为评估增值时，选择特殊性税务处理方式，税务成本最低；被吸收合并企业净资产为评估减值时，选择一般性税务处理方式，税务成本最低。

案例四（债务重组）：北京母公司在宁夏设有一家子公司，由于子公司的资金紧张，2014 年 3 月北京母公司向宁夏子公司提供了 4 000 万元贷款。2015 年 12 月，由于宁夏子公司存在财务困难，无力向母公司全额还款，要求母公司给予 500 万元的债务让步。

北京的企业所得税税率为 25%，宁夏子公司在当地享受 9% 的税率。

分析：如果 500 万元的债务重组获得成功，宁夏子公司要确认 500 万元的债务重组所得，按当地税率需要缴纳 45 万元（＝500×9%）的企业所得税；北京母公司借出 4 000 万元但只收回 3 500 万元的本金，要确认 500 万元的债务重组损失。这部分损失可以冲减北京母公司的其他应税所得，从而使北京母公司少缴纳所得税 125 万元（＝500 ×25%）。母、子公司作为整体计算，这一债务重组计划可以减轻纳税义务 80 万元。

案例五（股权、资产划转）：甲企业持有乙企业 90% 的股权，持有丙企业 100% 的股权。由于经营上的需要，2015 年 2 月丙企业准备将自己的一部分房产转让给乙企业。但是，由于当地房价上涨很快，该房产的评估价格远高于房产的原值，因而丙企业转让房产当期需要缴纳较多的企业所得税。

根据财税〔2014〕109 号文，如果甲企业增持乙企业的股份，并达到 100% 控股，则丙企业向乙企业转让不动产当期就可以不缴纳所得税。从企业集团的税务筹划角度考虑，甲企业为了使丙企业做到免税划转，如果条件允许，应当提前收购乙企业剩余 10% 的股权。

行业税收筹划——以高新技术企业为例

不同行业所适用的税种不尽相同，税收优惠更是差异很大。符合国家战略布局的行业会得到更多的税收支持。我国近年来提出了建立现代化经济体系、实行供给侧结构性改革、促进经济高质量发展等目标，在这些目标下科技创新越来越受到国家的重视，科技创新政策在政府系统中的地位越来越高，促进科技创新的税收政策越来越多样化。本章以高新技术企业为例，来分析这个创新最密集、资本最活跃、政策最丰富领域的税收筹划。

一、高新技术企业的认定

2008 年以来，经国务院批准，科技部、财政部和国家税务总局陆续发布了《高新技术企业认定管理办法》《国家重点支持的高新技术领域》《高新技术企业认定管理工作指引》和《科技型中小企业评价办法》等重要文件。

《高新技术企业认定管理办法》（国科发火〔2016〕32 号）中规定：

第二条　本办法所称的高新技术企业是指：在《国家重点支持的高新技术领域》内，持续进行研究开发与技术成果转化，形成企业核心自主知识产权，并以此为基础开展经营活动，在中国境内（不包括港、澳、台地区）注册的居民企业。

第四条　依据本办法认定的高新技术企业，可依照《企业所得税法》及其《实施条例》《中华人民共和国税收征管法》（以下称《税收征管法》）及《中华人民共和国税收征收管理法实施细则》（以下称《实施细则》）等有关规定，申报享受税收优惠政策。

第九条　通过认定的高新技术企业，其资格自颁发证书之日起有效期为三年。

第十一条　认定为高新技术企业须同时满足以下条件：

（一）企业申请认定时须注册成立一年以上；

（二）企业通过自主研发、受让、受赠、并购等方式，获得对其主要产品（服务）在技术上发挥核心支持作用的知识产权的所有权；

（三）对企业主要产品（服务）发挥核心支持作用的技术属于《国家重点支持的高新技术领域》规定的范围；

（四）企业从事研发和相关技术创新活动的科技人员占企业当年职工总数的比例不低于10%；

（五）企业近三个会计年度（实际经营期不满三年的按实际经营时间计算，下同）的研究开发费用总额占同期销售收入总额的比例符合如下要求：

1. 最近一年销售收入小于5 000万元（含）的企业，比例不低于5%；

2. 最近一年销售收入在5 000万元至2亿元（含）的企业，比例不低于4%；

3. 最近一年销售收入在2亿元以上的企业，比例不低于3%。

其中，企业在中国境内发生的研究开发费用总额占全部研究开发费用总额的比例不低于60%；

（六）近一年高新技术产品（服务）收入占企业同期总收入的比例不低于60%；

（七）企业创新能力评价应达到相应要求；

（八）企业申请认定前一年内未发生重大安全、重大质量事故或严重环境违法行为。

《科技型中小企业评价办法》（国科发政〔2017〕115号）中规定：

第二条　本办法所称的科技型中小企业是指依托一定数量的科技人员从事科学技术研究开发活动，取得自主知识产权并将其转化为高新技术产品或服务，从而实现可持续发展的中小企业。

第六条　科技型中小企业须同时满足以下条件：

（一）在中国境内（不包括港、澳、台地区）注册的居民企业。

（二）职工总数不超过500人、年销售收入不超过2亿元、资产总额不超过2亿元。

（三）企业提供的产品和服务不属于国家规定的禁止、限制和淘汰类。

（四）企业在填报上一年及当年内未发生重大安全、重大质量事故和严重环境违法、科研严重失信行为，且企业未列入经营异常名录和严重违法失信企业名单。

（五）企业根据科技型中小企业评价指标进行综合评价所得分值不低于60分，且科技人员指标得分不得为0分。

第七条　科技型中小企业评价指标具体包括科技人员、研发投入、科技成果三类，满分100分。

1. 科技人员指标（满分20分），按科技人员数占企业职工总数的比例分档评价。

A. 30%（含）以上（20分）

B. 25%（含）~30%（16分）

C. 20%（含）~25%（12分）

D. 15%（含）~20%（8分）

E. 10%（含）~15%（4分）

F. 10%以下（0分）

2. 研发投入指标（满分50分）。企业从（1）、（2）两项指标中选择一个指标进行评分。

（1）按企业研发费用总额占销售收入总额的比例分档评价。

A. 6%（含）以上（50分）

B. 5%（含）~6%（40分）

C. 4%（含）~5%（30分）

D. 3%（含）~4%（20分）

E. 2%（含）~3%（10分）

F. 2%以下（0分）

（2）按企业研发费用总额占成本费用支出总额的比例分档评价。

A. 30%（含）以上（50分）

B. 25%（含）~30%（40分）

C. 20%（含）~25%（30分）

D. 15%（含）~20%（20分）

E. 10%（含）~15%（10分）

F. 10%以下（0分）

3. 科技成果指标（满分 30 分），按企业拥有的在有效期内的与主要产品（或服务）相关的知识产权类别和数量（知识产权应没有争议或纠纷）分档评价。

　　A. 1 项及以上Ⅰ类知识产权（30 分）

　　B. 4 项及以上Ⅱ类知识产权（24 分）

　　C. 3 项Ⅱ类知识产权（18 分）

　　D. 2 项Ⅱ类知识产权（12 分）

　　E. 1 项Ⅱ类知识产权（6 分）

　　F. 没有知识产权（0 分）

第八条　符合第六条第（一）~（四）项条件的企业，若同时符合下列条件中的一项，则可直接确认符合科技型中小企业条件：

（一）企业拥有有效期内高新技术企业资格证书；

（二）企业近五年内获得过国家级科技奖励，并在获奖单位中排在前三名；

（三）企业拥有经认定的省部级以上研发机构；

（四）企业近五年内主导制定过国际标准、国家标准或行业标准。

第九条　科技型中小企业评价指标的说明：

（一）企业科技人员是指企业直接从事研发和相关技术创新活动，以及专门从事上述活动管理和提供直接服务的人员，包括在职、兼职和临时聘用人员，兼职、临时聘用人员全年须在企业累计工作 6 个月以上。

（二）企业职工总数包括企业在职、兼职和临时聘用人员。在职人员通过企业是否签订了劳动合同或缴纳社会保险费来鉴别，兼职、临时聘用人员全年须在企业累计工作 6 个月以上。

（三）企业研发费用是指企业研发活动中发生的相关费用，具体按照财政部 国家税务总局 科技部《关于完善研究开发费用税前加计扣除政策的通知》（财税〔2015〕119 号）有关规定进行归集。

（四）企业销售收入为主营业务与其他业务收入之和。

（五）知识产权采用分类评价，其中：发明专利、植物新品种、国家级农作物品种、国家新药、国家一级中药保护品种、集成电路布图设计专有权按Ⅰ类评价；实用新型专利、外观设计专利、软件著作权按Ⅱ类评价。

（六）企业主导制定国际标准、国家标准或行业标准是指企业在国家标准化委员会、工业和信息化部、国际标准化组织等主管部门的相关文件中排名起草单位前五名。

（七）省部级以上研发机构包括国家（省、部）重点实验室、国家（省、部）工程技术研究中心、国家（省、部）工程实验室、国家（省、部）工程研究中心、国家（省、部）企业技术中心、国家（省、部）国际联合研究中心等。

二、高新技术企业研发费用加计扣除

　　高新技术企业研发费用加计扣除是企业所得税的一种税基式优惠方式，是指按照税法规定在研发费用实际发生支出数额的基础上，再加成一定比例，作为计算应纳税所得额时的扣除数额。

《关于完善研究开发费用税前加计扣除政策的通知》（财税〔2015〕119 号）中规定：

　　一、本通知所称研发活动，是指企业为获得科学与技术新知识，创造性运用科学技术新知识，或实质性改进技术、产品（服务）、工艺而持续进行的具有明确目标的系统性活动。

　　（一）允许加计扣除的研发费用。

企业开展研发活动中实际发生的研发费用，未形成无形资产计入当期损益的，在按规定据实扣除的基础上，按照本年度实际发生额的50%，从本年度应纳税所得额中扣除；形成无形资产的，按照无形资产成本的150%在税前摊销。研发费用的具体范围包括：

1. 人员人工费用。

人员人工费用直接从事研发活动人员的工资薪金、基本养老保险费、基本医疗保险费、失业保险费、工伤保险费、生育保险费和住房公积金，以及外聘研发人员的劳务费用。

2. 直接投入费用。

（1）研发活动直接消耗的材料、燃料和动力费用。

（2）用于中间试验和产品试制的模具、工艺装备开发及制造费，不构成固定资产的样品、样机及一般测试手段购置费，试制产品的检验费。

（3）用于研发活动的仪器、设备的运行维护、调整、检验、维修等费用，以及通过经营租赁方式租入的用于研发活动的仪器、设备租赁费。

3. 折旧费用。

折旧费用指用于研发活动的仪器、设备的折旧费。

4. 无形资产摊销。

无形资产摊销指用于研发活动的软件、专利权、非专利技术（包括许可证、专有技术、设计和计算方法等）的摊销费用。

5. 新产品设计费、新工艺规程制定费、新药研制的临床试验费、勘探开发技术的现场试验费。

6. 其他相关费用。

与研发活动直接相关的其他费用，如技术图书资料费、资料翻译费、专家咨询费、高新科技研发保险费，研发成果的检索、分析、评议、论证、鉴定、评审、评估、验收费用，知识产权的申请费、注册费、代理费，差旅费、会议费等。此项费用总额不得超过可加计扣除研发费用总额的10%。

7. 财政部和国家税务总局规定的其他费用。

（二）下列活动不适用税前加计扣除政策。

1. 企业产品（服务）的常规性升级。

2. 对某项科研成果的直接应用，如直接采用公开的新工艺、材料、装置、产品、服务或知识等。

3. 企业在商品化后为顾客提供的技术支持活动。

4. 对现存产品、服务、技术、材料或工艺流程进行的重复或简单改变。

5. 市场调查研究、效率调查或管理研究。

6. 作为工业（服务）流程环节或常规的质量控制、测试分析、维修维护。

7. 社会科学、艺术或人文学方面的研究。

二、特别事项的处理

1. 企业委托外部机构或个人进行研发活动所发生的费用，按照费用实际发生额的80%计入委托方研发费用并计算加计扣除，受托方不得再进行加计扣除。委托外部研究开发费用实际发生额应按照独立交易原则确定。

委托方与受托方存在关联关系的，受托方应向委托方提供研发项目费用支出明细情况。

企业委托境外机构或个人进行研发活动所发生的费用，不得加计扣除。

2. 企业共同合作开发的项目，由合作各方就自身实际承担的研发费用分别计算加计扣除。

3. 企业集团根据生产经营和科技开发的实际情况，对技术要求高、投资数额大，需要集中研发的项目，其实际发生的研发费用，可以按照权利和义务相一致、费用支出和收益分享相配比的原则，合理确定研发费用的分摊方法，在受益成员企业间进行分摊，由相关成员企业分别计算加计扣除。

4. 企业为获得创新性、创意性、突破性的产品进行创意设计活动而发生的相关费用，可按照本通知规定进行税前加计扣除。

创意设计活动是指多媒体软件、动漫游戏软件开发，数字动漫、游戏设计制作；房屋建筑工程设计（绿色建筑评价标准为三星）、风景园林工程专项设计；工业设计、多媒体设计、动漫及衍生产品设计、模型设计等。

三、会计核算与管理

1. 企业应按照国家财务会计制度要求，对研发支出进行会计处理；同时，对享受加计扣除的研发费用按研发项目设置辅助账，准确归集核算当年可加计扣除的各项研发费用实际发生额。企业在一个纳税年度内进行多项研发活动的，应按照不同研发项目分别归集可加计扣除的研发费用。

2. 企业应对研发费用和生产经营费用分别核算，准确、合理归集各项费用支出，对划分不清的，不得实行加计扣除。

四、不适用税前加计扣除政策的行业

1. 烟草制造业。

2. 住宿和餐饮业。

3. 批发和零售业。

4. 房地产业。

5. 租赁和商务服务业。

6. 娱乐业。

7. 财政部和国家税务总局规定的其他行业。

上述行业以《国民经济行业分类与代码（GB/4754-2011）》为准，并随之更新。

《关于企业研究开发费用税前加计扣除政策有关问题的公告》（国家税务总局公告 2015 年第 97 号）中规定：

一、研究开发人员范围

企业直接从事研发活动人员包括研究人员、技术人员、辅助人员。研究人员是指主要从事研究开发项目的专业人员；技术人员是指具有工程技术、自然科学和生命科学中一个或一个以上领域的技术知识和经验，在研究人员指导下参与研发工作的人员；辅助人员是指参与研究开发活动的技工。

企业外聘研发人员是指与本企业签订劳务用工协议（合同）和临时聘用的研究人员、技术人员、辅助人员。

二、研发费用归集

（一）加速折旧费用的归集

企业用于研发活动的仪器、设备，符合税法规定且选择加速折旧优惠政策的，在享受研发费用税前加计扣除时，就已经进行会计处理计算的折旧、费用的部分加计扣除，但不得超过按税法规定计算的金额。

（二）多用途对象费用的归集

企业从事研发活动的人员和用于研发活动的仪器、设备、无形资产，同时从事或用于非研发活动的，应对其人员活动及仪器设备、无形资产使用情况做必要记录，并将其实际发生的相关费用按实际工时占比等合理方法在研发费用和生产经营费用间分配，未分配的不得加计扣除。

（三）其他相关费用的归集与限额计算

企业在一个纳税年度内进行多项研发活动的，应按照不同研发项目分别归集可加计扣除的研发费用。在计算每个项目其他相关费用的限额时应当按照以下公式计算：

其他相关费用限额＝《通知》第一条第一项允许加计扣除的研发费用中的第 1 项至第 5 项的费用之和×10%/（1-10%）。

当其他相关费用实际发生数小于限额时，按实际发生数计算税前加计扣除数额；当其他相关费用实际发生数大于限额时，按限额计算税前加计扣除数额。

（四）特殊收入的扣减

企业在计算加计扣除的研发费用时，应扣减已按《通知》规定归集计入研发费用，但在当期取得的研发过程中形成的下脚料、残次品、中间试制品等特殊收入；不足扣减的，允许加计扣除的研发费用按零计算。

企业研发活动直接形成产品或作为组成部分形成的产品对外销售的，研发费用中对应的材料费用不得加计扣除。

（五）财政性资金的处理

企业取得作为不征税收入处理的财政性资金用于研发活动所形成的费用或无形资产，不得计算加计扣除或摊销。

（六）不允许加计扣除的费用

法律、行政法规和国务院财税主管部门规定不允许企业所得税前扣除的费用和支出项目不得计算加计扣除。

已计入无形资产但不属于《通知》中允许加计扣除研发费用范围的，企业摊销时不得计算加计扣除。

三、委托研发

企业委托外部机构或个人开展研发活动发生的费用，可按规定税前扣除；加计扣除时按照研发活动发生费用的80%作为加计扣除基数。委托个人研发的，应凭个人出具的发票等合法有效凭证在税前加计扣除。

企业委托境外研发所发生的费用不得加计扣除，其中受托研发的境外机构是指依照外国和地区（含港澳台）法律成立的企业和其他取得收入的组织。受托研发的境外个人是指外籍（含港澳台）个人。

四、不适用加计扣除政策行业的判定

《通知》中不适用税前加计扣除政策行业的企业，是指以《通知》所列行业业务为主营业务，其研发费用发生当年的主营业务收入占企业按税法第六条规定计算的收入总额减除不征税收入和投资收益的余额50%（不含）以上的企业。

《国家税务总局关于研发费用税前加计扣除归集范围有关问题的公告》（国家税务总局公告2017年第40号）中规定：

一、人员人工费用指直接从事研发活动人员的工资薪金、基本养老保险费、基本医疗保险费、失业保险费、工伤保险费、生育保险费和住房公积金，以及外聘研发人员的劳务费用。

（一）直接从事研发活动人员包括研究人员、技术人员、辅助人员。研究人员是指主要从事研究开发项目的专业人员；技术人员是指具有工程技术、自然科学和生命科学中一个或一个以上领域的技术知识和经验，在研究人员指导下参与研发工作的人员；辅助人员是指参与研究开发活动的技工。外聘研发人员是指与本企业或劳务派遣企业签订劳务用工协议（合同）和临时聘用的研究人员、技术人员、辅助人员。

接受劳务派遣的企业按照协议（合同）约定支付给劳务派遣企业，且由劳务派遣企业实际支付给外聘研发人员的工资薪金等费用，属于外聘研发人员的劳务费用。

（二）工资薪金包括按规定可以在税前扣除的对研发人员股权激励的支出。

（三）直接从事研发活动的人员、外聘研发人员同时从事非研发活动的，企业应对其人员活动情况做必要记录，并将其实际发生的相关费用按实际工时占比等合理方法在研发费用和生产经营费用间分配，未分配的不得加计扣除。

二、直接投入费用指研发活动直接消耗的材料、燃料和动力费用；用于中间试验和产品试制的模具、工艺装备开发及制造费，不构成固定资产的样品、样机及一般测试手段购置费，试制产品的检验费；用于研发活动的仪器、设备的运行维护、调整、检验、维修等费用，以及通过经营租赁方式租入的用于研发活动的仪器、设备租赁费。

（一）以经营租赁方式租入的用于研发活动的仪器、设备，同时用于非研发活动的，企业应对其仪器设备使用情况做必要记录，并将其实际发生的租赁费按实际工时占比等合理方法在研发费用和生产经营费用间分配，未分配的不得加计扣除。

（二）企业研发活动直接形成产品或作为组成部分形成的产品对外销售的，研发费用中对应的材料费用不得加计扣除。

产品销售与对应的材料费用发生在不同纳税年度且材料费用已计入研发费用的，可在销售当年以对应的材料费用发生额直接冲减当年的研发费用，不足冲减的，结转以后年度继续冲减。

三、折旧费用指用于研发活动的仪器、设备的折旧费。

（一）用于研发活动的仪器、设备，同时用于非研发活动的，企业应对其仪器设备使用情况做必要记录，并将其实际发生的折旧费按实际工时占比等合理方法在研发费用和生产经营费用间分配，未分配的不得加计扣除。

（二）企业用于研发活动的仪器、设备，符合税法规定且选择加速折旧优惠政策的，在享受研发费用税前加计扣除政策时，就税前扣除的折旧部分计算加计扣除。

四、无形资产摊销费用指用于研发活动的软件、专利权、非专利技术（包括许可证、专有技术、设计和计算方法等）的摊销费用。

（一）用于研发活动的无形资产，同时用于非研发活动的，企业应对其无形资产使用情况做必要记录，并将其实际发生的摊销费按实际工时占比等合理方法在研发费用和生产经营费用间分配，未分配的不得加计扣除。

（二）用于研发活动的无形资产，符合税法规定且选择缩短摊销年限的，在享受研发费用税前加计扣除政策时，就税前扣除的摊销部分计算加计扣除。

五、新产品设计费、新工艺规程制定费、新药研制的临床试验费、勘探开发技术的现场试验费指企业在新产品设计、新工艺规程制定、新药研制的临床试验、勘探开发技术的现场试验过程中发生的与开展该项活动有关的各类费用。

六、其他相关费用指与研发活动直接相关的其他费用，如技术图书资料费、资料翻译费、专家咨询费、高新科技研发保险费，研发成果的检索、分析、评议、论证、鉴定、评审、评估、验收费用，知识产权的申请费、注册费、代理费，差旅费、会议费，职工福利费、补充养老保险费、补充医疗保险费。

此类费用总额不得超过可加计扣除研发费用总额的 10%。

案例：A 公司 2004 年成立，主要生产 LED 灯。相比普通灯而言，LED 灯具有光效高、耗电少、寿命长、易控制、免维护、安全环保的功能，是新一代固定冷光源，光色柔和、丰富多彩、低损耗、绿色环保，属于高新技术产业中的新能源与高新节能技术。

A 公司 2008 年被认定为高新技术企业，有效期为三年，2011 年复审通过，享受到的主要政策有：财政专项拨款、企业所得税按 15% 征收和加计扣除，下面以 A 公司 2008 年至 2011 年的数据进行相关问题的分析。

（1）专项拨款情况

2008—2011 年 A 公司得到的专项拨款如表 4-1 所示。

表 4-1　2008—2011 年 A 公司得到的专项拨款

年份	2008	2009	2010	2011
专项拨款	4 125 000	200 000	4 050 000	840 000
研发费用	8 926 833	9 880 519	15 499 078	29 888 563
专项拨款占研发费用的比例	46.21%	2.02%	26.13%	2.81%

从上表可以看出，A公司研发费用呈现逐年增加的趋势，但专项拨款项目却出现大幅度增减的变化，对于这一问题的出现，公司财务负责人解释：企业根据国家当年的立项标准以及企业的实际情况申请专项拨款，所以专项拨款出现较大幅度的波动属于正常现象。

研发费用扣除专项拨款后的50%可以在所得税前加计扣除，但加计扣除的项目并不仅此一项，还有安置残疾人员所支付的工资、国家鼓励安置的其他就业人员支付的工资和其他。对A公司的调查显示，近年来它只享受了研发费用政策（鼓励高新技术），没有安置残疾人员所支付的工资等其他加计扣除项目。

（2）加计扣除情况

2008—2011年A公司加计扣除如表4-2所示。

表4-2　2008—2011年A公司加计扣除

年份	2008	2009	2010	2011
（1）研发费用×50%	2 400 917	4 840 259	5 724 539	14 524 282
（2）安置残疾人员的工资×100%	–	–	–	–
（3）=（1）+（2）加计扣除	2 400 917	4 840 259	5 724 539	14 524 282

加计扣除是高新技术企业所得税的另一项优惠政策，它在企业所得税税前扣除，其实是少缴纳了加计扣除额×15%的企业所得税，也就是说相对于一般企业，高新技术企业总的企业所得税减免额=应纳税所得额×10%+加计扣除×15%，则A公司的企业所得税减免额计算结果如表4-3所示。

减免税额=应纳税所得额×（25%−15%）+加计扣除×15%

（3）企业所得税减免情况

表4-3　2008—2011年A公司企业所得税减免额

年份	1. 纳税所得税（不含加计扣除）	应纳税额（2 = 1×25%）	3 = 1×10%；减免所得税	4. 加计扣除额×15%	5 = 3+4 当期所得税优惠	6 = 5/2 优惠税额占应纳税额的比重
2008	26 527 086	6 631 771	2 652 709	360 137	3 012 846	45.43%
2009	25 045 608	6 261 402	2 504 561	726 039	3 230 600	51.60%
2010	51 034 593	12 758 648	5 103 460	858 681	5 962 140	46.73%
2011	52 062 278	13 015 570	5 206 228	2 178 642	7 384 870	56.74%

表 4-3 中的加计扣除额由表 4-2 最后一栏得出，由表 4-3 可以看出 A 公司企业所得税减免额呈逐年上升的趋势，且所得税优惠占应纳税额的份额都在 50% 左右。接下来分析 A 公司在获得所得税优惠和加计扣除企业实际的所得税税收负担，与同行业平均税负进行比较。

表 4-4　A 公司 2008—2011 年企业所得税税负情况

年份	1. 当期实际缴纳所得税额	2. 销售收入	3 = 1/2；当期实际所得税税负率
2008	3 618 925	182 774 010	1.98%
2009	3 030 802	200 715 382	1.51%
2010	6 796 508	392 861 739	1.73%
2011	5 630 699	341 254 513	1.65%

（4）企业所得税税负率

A 公司属于电子设备制造业，该行业所得税平均税负率为 2%，从表 4-1 至表 4-4 可以看出，2008—2011 年实际所得税税负率均不超过 2%，税收优惠政策降低了 A 公司的税负率，对企业的发展起到了积极的促进作用。这表现在三方面：第一，研究开发投入增加，提升企业创新能力；第二，促进科技成果转化与产业化，提高发展后劲；第三，优惠政策投资乘数效应明显，拉动经济增长。

三、员工持股计划

对高新技术企业来说，员工持股是一种经常被采用的激励方式。这种激励方式，既被视为是一种激励手段，也被看作是一种退税策略，还被当作是一种退休福利。员工持股计划，是企业所有者与员工分享企业所有权和未来收益权的一种制度安排，是通过员工持股的方式最大化员工的主人翁责任感及组织承诺。员工持股计划属于一种特殊的报酬计划，是通过让员工持有本公司股份而吸引、保留和激励公司员工，使员工有剩余索取权的利益分享的一种长期绩效奖励机制和拥有经营决策权的参与机制。

员工持股计划在设立的过程中受到多种因素的影响，如税收成本、投资者的近期以及远期目标、目前公司的股权结构、法律风险隔离、行业监管要求等。税负成本是员工持股计划在设立的过程中需要重点考虑的因素之一。

员工持股计划中被激励员工享受收益主要有两种方式：一是分享企业收益；二是转让财产份额。这两种方式的税收政策在个人直接持股、有限责任公司型持股平台和有限合伙型持股平台各有不同，这为企业利用各种税收优惠政策，进行合理税收筹划提供了空间。

1. 个人直接持股

（1）限售股转让个人所得税

《财政部 国家税务总局 证监会关于个人转让上市公司限售股所得征收个人所得税有关问题的通知》（财税〔2009〕167号）中规定：

一、自2010年1月1日起，对个人转让限售股取得的所得，按照"财产转让所得"，适用20%的比例税率征收个人所得税。

二、本通知所称限售股，包括：

1. 上市公司股权分置改革完成后股票复牌日之前股东所持原非流通股股份，以及股票复牌日至解禁日期间由上述股份孳生的送、转股（以下统称股改限售股）；

2. 2006年股权分置改革新老划断后，首次公开发行股票并上市的公司形成的限售股，以及上市首日至解禁日期间由上述股份孳生的送、转股（以下统称新股限售股）；

3. 财政部、税务总局、法制办和证监会共同确定的其他限售股。

三、个人转让限售股，以每次限售股转让收入，减除股票原值和合理税费后的余额，为应纳税所得额。

应纳税所得额＝限售股转让收入－（限售股原值＋合理税费）

应纳税额 ＝ 应纳税所得额×20%

本通知所称的限售股转让收入，是指转让限售股股票实际取得的收入。限售股原值，是指限售股买入时的买入价及按照规定缴纳的有关费用。合理税费，是指转让限售股过程中发生的印花税、佣金、过户费等与交易相关的税费。

如果纳税人未能提供完整、真实的限售股原值凭证的，不能准确计算限售股原值的，主管税务机关一律按限售股转让收入的15%核定限售股原值及合理税费。

五、根据证券机构技术和制度准备完成情况，对不同阶段形成的限售股，采取不同的征收管理办法。

（一）证券机构技术和制度准备完成前形成的限售股，证券机构按照股改限售股股改复牌日收盘价，或新股限售股上市首日收盘价计算转让收入，按照计算出的转让收入的15%确定限售股原值和合理税费，以转让收入减去原值和合理税费后的余额，适用20%税率，计算预扣预缴个人所得税额。

（二）证券机构技术和制度准备完成后新上市公司的限售股，按照证券机构事先植入结算系统的限售股成本原值和发生的合理税费，以实际转让收入减去原值和合理税费后的余额，适用20%税率，计算直接扣缴个人所得税额。

《财政部 国家税务总局 证监会关于个人转让上市公司限售股所得征收个人所得税有关问题的补充通知》（财税〔2010〕70号）中规定：

一、本通知所称限售股，包括：

（一）财税〔2009〕167号文件规定的限售股；

（二）个人从机构或其他个人受让的未解禁限售股；

（三）个人因依法继承或家庭财产依法分割取得的限售股；

（四）个人持有的从代办股份转让系统转到主板市场（或中小板、创业板市场）的限售股；

（五）上市公司吸收合并中，个人持有的原被合并方公司限售股所转换的合并方公司股份；

（六）上市公司分立中，个人持有的被分立方公司限售股所转换的分立后公司股份；

（七）其他限售股。

二、个人转让限售股或发生具有转让限售股实质的其他交易，取得现金、实物、有价证券和其他形式的经济利益均应缴纳个人所得税。限售股在解禁前被多次转让的，转让方对每一次转让所得均应按规定缴纳个人所得税。对具有下列情形的，应按规定征收个人所得税：

（一）个人通过证券交易所集中交易系统或大宗交易系统转让限售股；

（二）个人用限售股认购或申购交易型开放式指数基金（ETF）份额；

（三）个人用限售股接受要约收购；

（四）个人行使现金选择权将限售股转让给提供现金选择权的第三方；

（五）个人协议转让限售股；

（六）个人持有的限售股被司法扣划；

（七）个人因依法继承或家庭财产分割让渡限售股所有权；

（八）个人用限售股偿还上市公司股权分置改革中由大股东代其向流通股股东支付的对价；

（九）其他具有转让实质的情形。

（2）股息、红利个人所得税

按照《中华人民共和国个人所得税法》的规定，特许权使用费所得、利息、股息、红利所得，财产租赁所得，财产转让所得，偶然所得和其他所得，适用比例税率，税率为 20%。

《财政部 国家税务总局 证监会关于实施上市公司股息红利差别化个人所得税政策有关问题的通知》（财税〔2012〕85 号）中规定：

一、个人从公开发行和转让市场取得的上市公司股票，持股期限在 1 个月以内（含 1 个月）的，其股息红利所得全额计入应纳税所得额；持股期限在 1 个月以上至 1 年（含 1 年）的，暂减按 50%计入应纳税所得额；持股期限超过 1 年的，暂减按 25%计入应纳税所得额。上述所得统一适用 20%的税率计征个人所得税。

前款所称上市公司是指在上海证券交易所、深圳证券交易所挂牌交易的上市公司；持股期限是指个人从公开发行和转让市场取得上市公司股票之日至转让交割该股票之日前一日的持有时间。

四、对个人持有的上市公司限售股，解禁后取得的股息红利，按照本通知规定计算纳税，持股时间自解禁日起计算；解禁前取得的股息红利继续暂减按 50%计入应纳税所得额，适用 20%的税率计征个人所得税。

前款所称限售股，是指财税〔2009〕167 号文件和财税〔2010〕70 号文件规定的限售股。

《关于上市公司股息红利差别化个人所得税政策有关问题的通知》（财税〔2015〕101 号）中规定：

一、个人从公开发行和转让市场取得的上市公司股票，持股期限超过 1 年的，股息红利所得暂免征收个人所得税。

因此，员工直接持股时，限售期内股息红利的个人所得税的实际税率为 10%，解禁后根据持有时间的长短，持有时间超过 1 年的，免征个人所得税，持有时间在 1 个月至 1 年期间的，实际个人所得税税率为 10%；小于 1 个月的，实际个人所得税税率为 20%。

（3）免征增值税

个人转让限售股免征增值税，股息红利不属于增值税的征税范围。

2. 有限责任公司型持股平台

（1）持股平台转让上市公司限售股的所得税问题

> **《国家税务总局关于企业转让上市公司限售股有关所得税问题的公告》（国家税务总局公告 2011 年第 39 号中规定：**
>
> 一、纳税义务人的范围界定问题
>
> 根据企业所得税法第一条及其实施条例第三条的规定，转让限售股取得收入的企业（包括事业单位、社会团体、民办非企业单位等），为企业所得税的纳税义务人。
>
> 二、企业转让代个人持有的限售股征税问题
>
> 因股权分置改革造成原由个人出资而由企业代持有的限售股，企业在转让时按以下规定处理：
>
> （一）企业转让上述限售股取得的收入，应作为企业应税收入计算纳税。
>
> 上述限售股转让收入扣除限售股原值和合理税费后的余额为该限售股转让所得。企业未能提供完整、真实的限售股原值凭证，不能准确计算该限售股原值的，主管税务机关一律按该限售股转让收入的 15%，核定为该限售股原值和合理税费。
>
> 依照本条规定完成纳税义务后的限售股转让收入余额转付给实际所有人时不再纳税。
>
> （二）依法院判决、裁定等原因，通过证券登记结算公司，企业将其代持的个人限售股直接变更到实际所有人名下的，不视同转让限售股。
>
> 三、企业在限售股解禁前转让限售股征税问题
>
> 企业在限售股解禁前将其持有的限售股转让给其他企业或个人（以下简称受让方），其企业所得税问题按以下规定处理：
>
> （一）企业应按减持在证券登记结算机构登记的限售股取得的全部收入，计入企业当年度应税收入计算纳税。
>
> （二）企业持有的限售股在解禁前已签订协议转让给受让方，但未变更股权登记、仍由企业持有的，企业实际减持该限售股取得的收入，依照本条第一项规定纳税后，其余额转付给受让方的，受让方不再纳税。

（2）持股平台公司的企业所得税问题

根据《中华人民共和国企业所得税法》（以下简称《企业所得税法》）第二十六条，符合条件的居民企业之间的利息、红利等权益性投资收益为免税收入；根据《中华人民共和国企业所得税法实施条例》规定，符合免征条件的居民企业之间的股息、红利等权益性投资收益，是指居民企业直接投资于其他居民企业取得的投资收益。

（3）持股平台转让限售股的增值税问题

根据《财政部 国家税务总局关于全面推开营业税改征增值税试点的通知》（财税〔2016〕36 号）规定，个人从事金融商品转让业务免征增值税。对于企业从事金融商品转让业务需要按照金融服务中的金融商品转让，适用 6%的增值税。

根据《国家税务总局关于营改增试点若干征管问题的公告》（国家税务总局公告

2016 年第 53 号）第五条规定，公司首次公开发行股票并上市形成的限售股，以及上市首日至解禁日期间由上述股份孳生的送、转股，以该上市公司首次公开募股（IPO）的发行价为买入价。该规定将所有限售期间的送、转股可扣除的买入价以发行价为准，不考虑除权因素，使得一些上市公司为了少缴增值税有了高送转的动因。

案例：A 公司持有甲公司限售股 1 万股，甲公司发行价 5 元。股价 20 元时，A 公司的总市值为 20 万元。以下分三种情况计算 A 公司减持甲公司限售股需要缴纳的增值税。

分析：

方案一：不送转。A 公司拥有股票 1 万股，股价 20 元，总市值 20 万元。现在 A 公司以 20 元全部减持，需要缴纳的增值税为 10 000×（20-5）/1.06×6%≈8 490.57 元。

方案二：10 送 5 转 5 股。除权前 A 公司拥有股票 1 万股，股价 20 元，总市值 20 万元。上市公司 10 送 5 转 5 股后 A 公司拥有股票 2 万股，除权后股价 10 元，总市值 20 万元。现在 A 公司以 10 元全部减持，需要缴纳的增值税为：20 000×（10-5）/1.06×6%≈5 660.38 元。

方案三：10 送 10 转 10 股。除权前 A 公司拥有股票 1 万股，股价 20 元，总市值 20 万元。上市公司 10 送 10 转 10 股后 A 公司拥有股票 2 万股，除权后股价 6.67 元，总市值 20 万元。现在 A 公司以 6.67 元全部减持，需要缴纳的增值税为 30 000×（6.67-5）/1.06×6%≈2 835.85 元。

可见，对限售股来说，越是上市公司大比例的送、转股，股东减持时缴纳的增值税越少。2016 年年报中上市公司每 10 股转送超过 20 股的比比皆是，甚至还有每 10 股送转 30 股的。纳税人利用税法的不完善或者特定优惠实施相关的商业安排，不违反税法规定。

（4）持股平台再分红时的个人所得税问题

上市公司分红时，通过公司型持股平台对员工股东进行分红的个人所得税税负为 20%。

综上所述，公司型持股平台由于是通过公司转让限售股，股东只能同步转让股权。在不考虑税收优惠和税收筹划的情况下，公司转让限售股，首先需要缴纳 6% 的增值税以及相应的附加，其次需要缴纳 25% 的企业所得税，最后将转让所得分配给自然人股东，则员工个人还需以 20% 的税率按照股息红利所得缴纳个人所得税。整体来看，股权转让税负达到 40.43%。因此，这种方式下，更加要考虑从投资平台注册到有税收优惠的区域，以及业务的税收筹划。

3. 有限合伙型持股平台

合伙人从持股平台取得的所得主要包括股息、红利所得和限售股转让所得。由于合伙企业是透明实体，因此根据合伙人的不同，需要分别按照个人所得税和企业所得税的有关规定适用不同的税收政策。

（1）自然人作为合伙人的税收问题

①限售股转让的个人所得税

> 《财政部 国家税务总局财关于印发〈关于个人独资企业和合伙企业投资者征收个人所得税的规定〉的通知》（财税〔2000〕91号）中规定：
>
> 个人独资企业和合伙企业每一纳税年度的收入总额减除成本、费用以及损失后的余额，作为投资者个人的生产经营所得，按照个人所得税法的"个体工商户的生产经营所得"应税项目，适用5%~35%的五级超额累进税率，计算征收个人所得税。收入总额，是指企业从事生产经营以及与生产经营有关的活动取得的各项收入，包括商品（产品）销售收入、营运收入、劳务服务收入、工程价款收入、财产出租或转让收入、利息收入、其他业务收入和营业外收入。

一些地方为了鼓励股权投资类合伙企业发展，规定在合伙企业转让限售股时，对于不执行合伙事务的个人合伙人，按"财产转让所得"征收20%的个人所得税，对于执行合伙事务的个人合伙人，则比照"个体工商户的生产经营所得"，按照5%~35%的累进税率征税。部分地区对股权投资类合伙企业的自然合伙人统一按照20%的税率征收个人所得税。

②股息、红利个人所得税

> 《国家税务总局关于〈个人独资企业和合伙企业投资者征收个人所得税的规定〉执行口径的通知》（国税函〔2001〕84号）中规定：
>
> 个人独资企业和合伙企业对外投资分回的利息、股息、红利，不并入企业的收入，而应单独作为投资者个人取得的利息、股息、红利所得，按"利息、股息、红利所得"应税项目计算缴纳个人所得税。

根据《中华人民共和国个人所得税法》的规定，利息、股息、红利适用的个人所得税税率为20%，因此自然人通过合伙企业持股时，合伙企业在税收上被视为"透明实体"，直接针对的是对股东纳税，股东从上市公司取得的股息、红利的个人所得税税率为20%。

③税收政策的差异

有限合伙企业型的持股平台，可按照《财政部 国家税务总局关于合伙企业合伙人所得税问题的通知》（财税〔2008〕159号）规定，采取"先分后税"的方式，由合伙人分别缴纳个人所得税或企业所得税。国家层面上关于"先分后税"仅仅是做了原则性规定，规定合伙企业的合伙人如果是法人或者其他组织要缴纳企业所得税，自然人合伙人要缴纳个人所得税。但没有更具体的规定来明确对于以激励为目的的合伙型持股平台中自然合伙人到底如何交税，自然人普通合伙人和自然人有限合伙人的税收政策有无区别。这些都需要各地在落实政策时，根据个人所得税的制定原则和分类设计的初衷进行处理。

实际上在关于先分后税的执行过程中，针对自然人合伙人的所得按照个人所得税的哪个项目来征收产生了一定的差异。有些地方，如北京、天津、新疆和青岛均认为自然人合伙人从持股平台中获得所得有投资收益所得，也有转让投资所得，本质上都是资本利得。对于资本利得，按照"利息、股息、红利"和"财产转让所得"征税。而上海的规定，则区分了自然人有限合伙人和自然人普通合伙人。由于自然人有限合伙人本身不参与企业的生产经营，凭借投入资本获得回报，因此按照"利息、股息、红利"征收个人所得税。而对于自然人普通合伙人，由于其承担无限责任，承担风险较大，与个体工商户的生产经营比较类似，因此自然人普通合伙人按照"个体工商户的生产经营所得"应税项目，适用5%~35%的五级超额累进税率。

④增值税

股息红利所得不属于增值税的征税范围，无须缴纳增值税。通过持股平台转让限售股会涉及增值税的问题。根据《财政部 国家税务总局关于全面推开营业税改征增值税试点的通知》（财税〔2016〕36号）规定，个人从事金融商品转让业务免征增值税。对于企业从事金融商品转让业务需要按照金融服务中的金融商品转让，适用6%的增值税。

持股平台由于并无实质性的经营业务，往往可以抵扣的进项税额比较小，而限售股的转让收入往往比较大，因此计算应交增值税时可以忽略进项税额的影响。附加税费为12%（城市维护建设税7%、教育费附加3%、地方教育费附加2%），增值税及附加税为6.72%。

假设上市公司分红时，取得投资所得按照个人所得税中"利息、股息、红利"适用20%的税率的规定，合计税负约为 $1-（1-6\%×1.12\%）×（1-20\%）=25.38\%$。

有限责任公司型持股平台转让限售股，股权转让时公司需缴纳6%的增值税，附加税费12%，公司取得股权收入后按25%的税率缴纳企业所得税；公司向自然人股东分红时，自然人股东按 20% 的税率缴纳企业所得税。因此在不考虑税收优惠和税收筹划的前提下，自然人通过公司转让限售股最终承担的税率为 1−（1−6%×1.12%）×（1−25%）×（1−20%）= 44.03%。

由此可见，采取合伙企业型持股平台要考虑的税负主要是个人所得税、增值税及附加。而公司型持股平台除了考虑个人所得税、增值税及附加外，还需要考虑企业所得税。因此，从税收角度来看，有限责任公司型持股平台的税负水平要高于合伙型持股平台的税负水平。

2006 年有限合伙制度确立后，合伙型持股平台被广泛应用到风险投资（VC）、股权投资（PE）等投资公司平台，主要原因在于相较于有限责任公司型持股平台，合作型持股平台在投资退出时，只缴纳个人所得税，有其特殊的优势。

但是也要注意到，有限责任公司型持股平台纳税义务产生的时点和有限合伙企业型持股平台不同。作为有限责任公司型持股平台，企业在缴纳企业所得税之后，如果没有向股东分红，就不用预扣预缴个人所得税。但对于有限合伙型持股平台其纳税义务产生的时点是基于其持股的公司是否进行了分配，如果持股公司进行了分配，那么合伙企业无论是否分配，都产生了个人所得税或者企业所得税的纳税义务。从这一点上看，公司型持股平台较合伙型持股平台有递延纳税的好处。

（2）法人作为合伙人的税收问题

①企业所得税

根据《企业所得税法》第二十六条规定，符合条件的居民企业之间的股息、红利等权益性投资收益属于免税收入。但是合伙企业不属于"居民企业"范畴，合伙企业具有穿透功能，合伙企业取得的所得本身不存在缴纳所得税的问题，其取得的所得将按照协议的约定分配到各个合伙人名下再分别按企业所得税和个人所得税缴纳。

此外，根据《财政部 国家税务总局关于合伙企业合伙人所得税问题的通知》（财税〔2008〕159 号）第五条规定，合伙企业的合伙人是法人和其他组织的，合伙人在计算企业所得税时，不得用有限合伙企业法人合伙方应承担的亏损抵减其盈利。根据以上规定，法人合伙人的亏损只能用该合伙企业以后年度的应分得的应纳税所得额按规定来弥补亏损。

②限售股转让持股平台缴纳增值税

法人合伙人通过持股平台转让限售股和自然人合伙人通过持股平台转让限售股适用的增值税政策是一致的，增值税及附加税为 6.72%。

4. 案例分析

中国平安保险（集团）股份有限公司（简称"中国平安"）于1988年成立于深圳蛇口，是中国第一家股份制保险企业，公司为香港联合交易所主板及上海证券交易所两地上市公司。2004年6月24日中国平安开始在香港联交所上市交易，股票代码为2318；2007年3月1日中国平安开始在上海证券交易所上市交易，股票代码为601318。迄今为止，中国平安已经成为融保险、银行、投资三大主营业务为一体、核心金融与互联网金融业务并行发展的个人金融生活服务集团之一，业务范围包括人身保险业务、财产保险业务、信托业务、证券业务、银行业务以及其他业务。

中国平安员工持股的情况：早在20世纪90年代初，中国平安就曾推出过员工持股计划。2007年平安保险在A股上市之前，由于国内法律方面的制约，平安保险的员工持股计划全部是通过法人代持股的形式实现的，即由平安保险员工出资成立深圳市新豪时投资发展公司（以下简称"新豪时"）、深圳市景傲实业发展有限公司（以下简称"景傲实业"）、深圳江南实业发展有限公司（以下简称"江南实业"）三家法人公司，由这三家公司代员工持有平安保险公司的股份。三家公司是平安员工及高管合股基金公司，分别持有中国平安5.3%、4.51%、1.89%的股权。其中，新豪时和景傲实业为平安员工持股平台，江南实业则主要为平安高管持股平台，1.9万名中国平安员工受益持股。2007年中国平安A股上市，上述员工投资集合承诺了3年的锁定期。

2010年2月22日晚中国平安公告称，由1.9万名员工持有的8.6亿股将于同年3月1日上市流通，在5年内分批解禁、全部减持。中国平安此次解禁股份形成于2007年3月1日的A股上市，其中新豪时持有389 592 366股，景傲实业持有331 117 788股，江南实业持有139 112 866股。以账面计算，这1.9万名平安员工人均可套现超过200万元。中国平安2012年发布公告称，公司员工持股平台已于5月11日前转让部分股权至战略投资者。其中新豪时55%和5%的股权已分别转让给北京丰瑞股权投资基金和天津信德融盛商贸有限公司，景傲实业60%的股权已转让给中国对外经济贸易信托有限公司，江南实业38%的股权已转让给林芝正大环球投资有限公司，此举使中国平安的高管及员工得以套现约167.43亿元。

但是，员工减持实际取得的收入可能因为缴税而要打近六折。由于中国平安的员工持股计划是通过法人持股的形式操作的，中国平安股票在法律上的持有人是新豪时、傲景实业和江南实业这三家公司，而平安员工只是这三家公司的股东。当这三家公司将代持的限售股在市场转让后，转让收益首先需要在这三家公司层面缴纳企业所得税。

按照法律规定，深圳 2010 年、2011 年、2012 年的企业所得税税率分别是 22%、24%、25%。当这三家公司将股票减持后的税收利润支付给员工时，员工个人作为股东取得的转付款在个人所得税法上要按照"股息、利息、红利"所得缴纳 20% 的个人所得税。

近 40% 的税收负担引起了平安员工的极大不满。按解禁当时的股价计算，员工股总价值高达近 400 亿元，持股的 1.9 万名员工每人身家都将是百万元以上，部分甚至会成为千万富豪。但高额的税负令员工们大失所望。法人减持方式将导致高额的企业所得税和个人所得税的双重征收，这引致 49 名员工与老东家对簿公堂，员工们希望被确认为平安集团的自然人股东，从而避免双重征税。

分析：2010 年中国平安员工股解禁行为一直为市场所关注。此前有消息称，一旦上述三家公司的股份一次性套现的话，将会影响到中国平安管理层对公司的实际控制权。当时的平安董事会结构显示，汇丰保险控股有限公司、香港上海汇丰银行有限公司、深圳投资控股有限公司为中国平安前三大股东，分别持有 6.2 亿股、6.1 亿股、5.5 亿股，而新豪时、景傲实业、江南实业一共持有中国平安的 8.6 亿股。代表新豪时、景傲实业、江南实业入席的董事共有三名。

由员工持股形成的新豪时等三家平台公司手握平安管理层对中国平安施加影响的筹码，一直是平安管理层在公司治理环节中实施相关影响的关键棋子，这是一个典型的互相制衡的局面。如果员工一次性套现，将改变平安原来的董事会格局，股东之间相互制衡的局面将难以为继，不利于平安管理层地位的稳定。而事实上，中国平安作为中国保险公司引进外资的鼻祖，拥有豪华的外籍高管团队，却没有发生后来很多合资企业所面临的纠纷，上述技术安排也起到了至关重要的作用。

从税收政策层面来看，我国的所得税体制在个人股东和其投资的公司之间本身就存在重复征税。公司股东和其投资的公司之间，《企业所得税法》已通过对符合条件的居民企业之间的股息红利所得给予免税进行了规定。中国平安让三家平台公司代持员工个人股票，在股份转让时就产生了重复征税的问题。

代持股主要有四种情况：一是由职工持股会或工会持股；二是自然人"代位持股"，即少数股东通过所谓的"显明股东"与"隐名股东"签署"委托投资协议"，确立代持股关系；三是"壳公司"持股，即由自然人股东先成立若干公司，再由这些公司对实际运营公司投资，自然人股东间接持股；四是由信托机构代位持股。平安员工的代持股主要是因为员工太多，超过法定的股东人数限额，即有限公司法定股东人数限额为 50 人，股份有限公司法定发起人人数限额为 200 人。表面上看，代持股是导致平安员工限售股减持中重复征税的直接原因，但是从本质上看，我国税制对这样一些特殊公司缺乏一个有效的认定才是导致重复征税的根本原因。

方案一：成立有限合伙企业型持股平台。

新豪时、景傲实业和江南实业这三家公司是按我国《公司法》规定由平安员工出资成立的有限责任公司。该公司以股东出资额购买的平安股票属于公司资产。公司出售自己资产取得的转让所得缴纳25%的企业所得税是符合《企业所得税法》的规定的。同时，平安员工作为这三家公司股东，取得他们税收利润的分配，按"股利、利息、红利"所得缴纳20%的个人所得税也是符合《个人所得税法》的规定的。但是，这三家公司在身份和目的上却有其特殊之处。他们成立的目的不是开展实际生产经营，而是以员工的名义代持股票。因此，本质上这三家公司与平安员工的关系是一种信托关系。

在美国的联邦税制中，所有的纳税实体被分为两类：一种是应税实体，另一种是管道实体。应税实体是负有纳税义务的实体，而管道实体是没有纳税义务的实体。在管道实体中，实体的税收属性（所得、扣除、亏损、抵免）通过该管道实体转移给实体的所有者。这些实体对它们的经营成果不纳税，它们的税收特征通过管道实体被转给实体的所有者缴税。在我国目前的税制下，有一类企业可以取得类似于美国管道实体的税收属性，就是合伙企业。根据《关于合伙企业合伙人所得税问题的通知》（财税〔2008〕159号）的规定，合伙企业的每一个合伙人为纳税义务人，实行"先分后税"原则。合伙企业合伙人是自然人的，缴纳个人所得税；合伙人是法人和其他组织的，缴纳企业所得税。

如果平安员工当初以成立合伙企业的形式持有平安股票，那么在减持时合伙企业取得的所得直接按平安员工出资份额分给个人，由个人缴纳个人所得税，就可以避免重复征税的问题。当然，从客观上看如果平安上市前运用该方法，还会存在其他制度上的障碍。因为直到2009年中国证监会修改《证券登记结算管理办法》后，合伙企业才允许用自己的名义开立证券账户。平安的法人公司代持股问题已成事实，那平安员工能否在减持前申请将这三家代持股法人公司改制为合伙企业来解决重复征税的问题呢？这也行不通。根据《财政部 国家税务总局关于企业重组业务企业所得税处理若干问题的通知》（财税〔2009〕59号）的规定，企业由法人转变为个人独资企业、合伙企业等非法人组织，或将登记注册地转移至中华人民共和国境外（包括港澳台地区），应视同企业进行清算、分配，股东重新投资成立新企业。因此，改制为合伙企业的方式无助于解决公司和个人的重复征税问题。

虽然中国平安受当时环境的影响无法选择以有限合伙企业作为持股平台，但是这为未来公司的持股平台提供了一个解决方法，即目前在我国通过设立有限合伙企业的形式穿透实体来实行为员工代持股，从而避免双重征税。

方案二：将公司型持股平台转入税收优惠地。

实务中常常采用的另一种方法是将代持股公司迁移到一些低税率或可以给予税收返还的地区，通过降低税率或财政返还的形式，减轻重复征税的税收负担。例如，中国平安可以将新豪时、景傲实业的注册地迁至西藏林芝，而江南实业的注册地仍保持不变。由于西藏的企业所得税税率只有15%，同时林芝市对于企业缴纳的所得税在地方留存部分还给予一定比例返还。对于企业注册地的变更，根据《关于企业重组业务企业所得税处理若干问题的通知》（财税〔2009〕59号）的规定，企业发生其他法律形式简单改变（包括登记注册地仅在境内转移）的，可直接变更税务登记，不涉及清算和分配问题。部分地区也出台了一些地方性措施，吸引这些企业迁入或直接在当期注册。

但需要指出的一点是，将公司型持股平台转入税收优惠地，仅仅是减轻双重征税，无法从根本上避免双重征税。限售股的转让金额往往较大，即使平台公司通过增加成本或费用进行扣除，也仍然是杯水车薪，双重征税下的税负成本仍维持在较高的水平。

方案三：成立特别目的公司（SPV）。

平安本次公告另辟蹊径，为市场又提供了一个解决代持股重复征税的方法。由于新豪时、景傲实业和江南实业这三家公司成立的目的很简单，就是为员工代持平安保险上市的股份，这三家公司的功能就类似于《关于外国投资者并购境内企业的规定》（商务部令2009年第6号）中所述的"特别目的公司（SPV）"。这样，平安公司的员工可以通过直接转让新豪时、景傲实业和江南实业这三家公司的股权，间接转让平安保险上市公司的股票。此时，由于平安保险公司的股票并非转让，避免了公司层面的所得税问题，只就个人股权转让部分按"财产转让所得"征收了20%的个人所得税。平安将这三个持股平台的股份转让给相关战略投资者，既有效解决了代持股的重复征税问题，维护了员工的利益，也避免了员工限售股直接在市场减持对公司股价波动的影响；既实现了员工持有向战略投资者持股的平稳过渡，也维护了股东的利益。

方案四：特殊情形下的限售股转让适用免税政策。

2011年，国家税务总局发布了《国家税务总局关于企业转让上市公司限售股有关所得税问题的公告》（国家税务总局公告2011年第39号），这似乎为代持股重复征税问题的解决带来了曙光。该文件提供了两种解决办法：一种是对因股权分置改革造成原个人出资而由企业代持的限售股，企业在转让时按企业转让上述限售股取得的收入，应作为企业应税收入计算纳税。依照本条规定完成纳税义务后的限售股转让收入余额转付给实际所有人时不再纳税。另一种是由于依法院判决、裁定等原因，通过证券登记结算公司，企业将其代持的个人限售股直接变更到实际所有人名下的，不视同转让限售股。

第一种方法对于代持股，只在企业层面征收一道企业所得税，向个人股东分配层面不再征收个人所得税，从而解决了重复征税问题。但国家税务总局公告 2011 年第 39 号规定，适用该处理方法有一个前提必须是"因股权分置改革造成原由个人出资而由企业代持的限售股"，其他情况的代持股不能按这个办法处理。《财政部 国家税务总局 证监会关于个人转让上市公司限售股所得征收个人所得税有关问题的通知》（财税〔2009〕167 号）中规定限售股包括：①上市公司股权分置改革完成后股票复牌日之前股东所持原非流通股股份，以及股票复牌日至解禁日期间由上述股份孳生的送、转股（以下统称股改限售股）；②2006 年股权分置改革新老划断后，首次公开发行股票并上市的公司形成的限售股，以及上市首日至解禁日期间由上述股份孳生的送、转股（以下统称新股限售股）；③财政部、税务总局、法制办和证监会共同确定的其他限售股。从财税〔2009〕167 号文件可以看出，国家税务总局公告 2011 年第 39 号中的限售股仅指股改限售股，政策适用面窄。

第二种方法的解决之道是还代持股的本来面目，即通过法院判决或裁决，将代持股还原到个人名下，同时在还原环节，企业层面不作为股权转让处理。但是，法院判决或裁决的方式往往发生在特殊的法律纠纷下，并非所有的代持股问题都可以通过这种途径解决。

方案五：利用个人股东层面的所得（损失）和公司股东层面损失（所得）间的转化通道。

值得我们深入挖掘的是，这个案例的解决方案还存在一条个人股东层面的所得（损失）和公司股东层面损失（所得）间的转化通道。假设平安员工投资 100 万元成立江南实业公司，江南实业公司将这 100 万元购买了平安股票。几年后，平安股票解禁，江南实业公司持有的这部分股票按市价的公允价值是 500 万元。此时，如果平安员工按 500 万元将江南实业公司的股权转让给林芝正大环球投资有限公司（简称"林芝正大"），平安员工实现了 400 万元所得，那么按 20% 的税率应缴纳 80 万元个人所得税。

此时，林芝正大取得江南实业股权的计税基础为 500 万元。

如果 2 年后，江南实业公司将平安股票以市价卖出后进行注销清算，假设卖出取得 600 万元价款（扣除相关税费），由于江南实业持有平安股票的计税基础为 100 万元，江南实业要确认 500 万元所得，按 25% 的税率缴纳 125 万元企业所得税，剩余部分 475 万元分配给林芝正大。根据《财政部 国家税务总局关于企业清算业务企业所得税处理若干问题的通知》（财税〔2009〕60 号）规定，被清算企业的股东分得的剩余资产的金额，其中相当于被清算企业累计未分配利润和累积盈余公积中按该股东所占股份比例计算的部分，应确认为股息所得；剩余资产减除股息所得后的余额，超过或低于股东投资成本的部分，应确认为股东的投资转让所得或损失。此时，林芝正大取得的 475 万元的分配款中有 375 万元相当于被清算企业江南实业累计未分配利润部分，应作为股息所得免税，剩余部分 100 万元减去林芝正大的投资成本 500 万元，林芝正大公司应确认 400 万元的投资转让损失。

这里，平安员工在转让江南实业时的个人所得税层面实现的财产转让所得正好等于清算时企业股东层面确认的投资转让损失。

四、股权激励和技术入股

为进一步鼓励科技创新，充分调动科研人员创新创业的活力和积极性，使科技成果最大限度地转化为现实生产力，经国务院批准，财政部、税务总局印发了《财政部 国家税务总局关于完善股权激励和技术入股有关所得税政策的通知》（财税〔2016〕101 号）。该项政策优惠力度大、涉及环节多、缴税期限长，为确保纳税人清晰知晓税收优惠办理流程和相关要求，使新旧政策顺畅衔接、便于新政落实，税务总局发布了《国家税务总局关于股权激励和技术入股所得税征管问题的公告》（国家税务总局公告 2016 年第 62 号）和《国家税务总局关于做好股权激励和技术入股所得税政策贯彻落实工作的通知》（税总函〔2016〕496 号），对财税〔2016〕101 号涉及的有关所得税征管问题、税务系统落实政策要求等方面进行了细化。关于非上市公司各种形式的股权激励税务处理问题，此前政策中一直没有做明确的直接规定，实践中也是存在各种各样的争议，并且涉及个人所得税、企业所得税以及会计的协调处理问题。

> 《财政部 国家税务总局关于完善股权激励和技术入股有关所得税政策的通知》（财税〔2016〕101 号）中规定：
>
> 一、对符合条件的非上市公司股票期权、股权期权、限制性股票和股权奖励实行递延纳税政策
>
> （一）非上市公司授予本公司员工的股票期权、股权期权、限制性股票和股权奖励，符合规定

条件的，经向主管税务机关备案，可实行递延纳税政策，即员工在取得股权激励时可暂不纳税，递延至转让该股权时纳税；股权转让时，按照股权转让收入减除股权取得成本以及合理税费后的差额，适用"财产转让所得"项目，按照20%的税率计算缴纳个人所得税。

股权转让时，股票（权）期权取得成本按行权价确定，限制性股票取得成本按实际出资额确定，股权奖励取得成本为零。

（二）享受递延纳税政策的非上市公司股权激励（包括股票期权、股权期权、限制性股票和股权奖励，下同）须同时满足以下条件：

1. 属于境内居民企业的股权激励计划。

2. 股权激励计划经公司董事会、股东（大）会审议通过。未设股东（大）会的国有单位，经上级主管部门审核批准。股权激励计划应列明激励目的、对象、标的、有效期、各类价格的确定方法、激励对象获取权益的条件、程序等。

3. 激励标的应为境内居民企业的本公司股权。股权奖励的标的可以是技术成果投资入股到其他境内居民企业所取得的股权。激励标的股票（权）包括通过增发、大股东直接让渡以及法律法规允许的其他合理方式授予激励对象的股票（权）。

4. 激励对象应为公司董事会或股东（大）会决定的技术骨干和高级管理人员，激励对象人数累计不得超过本公司最近6个月在职职工平均人数的30%。

5. 股票（权）期权自授予日起应持有满3年，且自行权日起持有满1年；限制性股票自授予日起应持有满3年，且解禁后持有满1年；股权奖励自获得奖励之日起应持有满3年。上述时间条件须在股权激励计划中列明。

6. 股票（权）期权自授予日至行权日的时间不得超过10年。

7. 实施股权奖励的公司及其奖励股权标的公司所属行业均不属于《股权奖励税收优惠政策限制性行业目录》范围（见附件）。公司所属行业按公司上一纳税年度主营业务收入占比最高的行业确定。

（三）本通知所称股票（权）期权是指公司给予激励对象在一定期限内以事先约定的价格购买本公司股票（权）的权利；所称限制性股票是指公司按照预先确定的条件授予激励对象一定数量的本公司股权，激励对象只有工作年限或业绩目标符合股权激励计划规定条件的才可以处置该股权；所称股权奖励是指企业无偿授予激励对象一定份额的股权或一定数量的股份。

（四）股权激励计划所列内容不同时满足第一条第（二）款规定的全部条件，或递延纳税期间公司情况发生变化，不再符合第一条第（二）款第4至6项条件的，不得享受递延纳税优惠，应按规定计算缴纳个人所得税。

二、对上市公司股票期权、限制性股票和股权奖励适当延长纳税期限

（一）上市公司授予个人的股票期权、限制性股票和股权奖励，经向主管税务机关备案，个人可自股票期权行权、限制性股票解禁或取得股权奖励之日起，在不超过12个月的期限内缴纳个人所得税。《财政部 国家税务总局关于上市公司高管人员股票期权所得缴纳个人所得税有关问题的通知》（财税〔2009〕40号）自本通知施行之日起废止。

（二）上市公司股票期权、限制性股票应纳税款的计算，继续按照《财政部 国家税务总局关于个人股票期权所得征收个人所得税问题的通知》（财税〔2005〕35号）、《财政部 国家税务总局关于股票增值权所得和限制性股票所得征收个人所得税有关问题的通知》（财税〔2009〕5号）、《国家税务总局关于股权激励有关个人所得税问题的通知》（国税函〔2009〕461号）等相关规定执行。股权奖励应纳税款的计算比照上述规定执行。

三、对技术成果投资入股实施选择性税收优惠政策

（一）企业或个人以技术成果投资入股到境内居民企业，被投资企业支付的对价全部为股票（权）的，企业或个人可选择继续按现行有关税收政策执行，也可选择适用递延纳税优惠政策。

选择技术成果投资入股递延纳税政策的，经向主管税务机关备案，投资入股当期可暂不纳税，允许递延至转让股权时，按股权转让收入减去技术成果原值和合理税费后的差额计算缴纳所得税。

（二）企业或个人选择适用上述任一项政策，均允许被投资企业按技术成果投资入股时的评估值入账并在企业所得税前摊销扣除。

（三）技术成果是指专利技术（含国防专利）、计算机软件著作权、集成电路布图设计专有权、植物新品种权、生物医药新品种，以及科技部、财政部、国家税务总局确定的其他技术成果。

（四）技术成果投资入股，是指纳税人将技术成果所有权让渡给被投资企业、取得该企业股票（权）的行为。

《国家税务总局关于股权激励和技术入股所得税征管问题的公告》（国家税务总局公告2016年第62号）中规定：

一、关于个人所得税征管问题

（一）非上市公司实施符合条件的股权激励，本公司最近6个月在职职工平均人数，按照股票（权）期权行权、限制性股票解禁、股权奖励获得之上月起前6个月"工资薪金所得"项目全员全额扣缴明细申报的平均人数确定。

（二）递延纳税期间，非上市公司情况发生变化，不再同时符合《通知》第一条第（二）款第4至6项条件的，应于情况发生变化之次月15日内，按《通知》第四条第（一）款规定计算缴纳个人所得税。

（三）员工以在一个公历月份中取得的股票（权）形式工资薪金所得为一次。员工取得符合条件、实行递延纳税政策的股权激励，与不符合递延纳税条件的股权激励分别计算。

员工在一个纳税年度中多次取得不符合递延纳税条件的股票（权）形式工资薪金所得的，参照《国家税务总局关于个人股票期权所得缴纳个人所得税有关问题的补充通知》（国税函〔2006〕902号）第七条规定执行。

（四）《通知》所称公平市场价格按以下方法确定：

1. 上市公司股票的公平市场价格，按照取得股票当日的收盘价确定。取得股票当日为非交易日的，按照上一个交易日收盘价确定。

2. 非上市公司股票（权）的公平市场价格，依次按照净资产法、类比法和其他合理方法确定。净资产法按照取得股票（权）的上年末净资产确定。

五、创业投资企业和天使投资个人

创业投资是促进大众创业、万众创新的重要资本力量，是促进科技创新成果转化的助推器，是推进供给侧结构性改革的新动能。近年来，我国创业投资快速发展，拓宽了创业投资企业投融资渠道，促进了经济结构调整和产业转型升级。

1. 法条解读

《财政部 税务总局关于创业投资企业和天使投资个人有关税收政策的通知》（财税〔2018〕55号）中规定：

一、税收政策内容

（一）公司制创业投资企业采取股权投资方式直接投资于种子期、初创期科技型企业（以下简称初创科技型企业）满2年（24个月，下同）的，可以按照投资额的70%在股权持有满2年的当年抵扣该公司制创业投资企业的应纳税所得额；当年不足抵扣的，可以在以后纳税年度结转抵扣。

（二）有限合伙制创业投资企业（以下简称合伙创投企业）采取股权投资方式直接投资于初创科技型企业满2年的，该合伙创投企业的合伙人分别按以下方式处理：

1. 法人合伙人可以按照对初创科技型企业投资额的 70% 抵扣法人合伙人从合伙创投企业分得的所得；当年不足抵扣的，可以在以后纳税年度结转抵扣。

2. 个人合伙人可以按照对初创科技型企业投资额的 70% 抵扣个人合伙人从合伙创投企业分得的经营所得；当年不足抵扣的，可以在以后纳税年度结转抵扣。

（三）天使投资个人采取股权投资方式直接投资于初创科技型企业满 2 年的，可以按照投资额的 70% 抵扣转让该初创科技型企业股权取得的应纳税所得额；当期不足抵扣的，可以在以后取得转让该初创科技型企业股权的应纳税所得额时结转抵扣。

天使投资个人投资多个初创科技型企业的，对其中办理注销清算的初创科技型企业，天使投资个人对其投资额的 70% 尚未抵扣完的，可自注销清算之日起 36 个月内抵扣天使投资个人转让其他初创科技型企业股权取得的应纳税所得额。

二、相关政策条件

（一）本通知所称初创科技型企业，应同时符合以下条件：

1. 在中国境内（不包括港、澳、台地区）注册成立、实行查账征收的居民企业；

2. 接受投资时，从业人数不超过 200 人，其中具有大学本科以上学历的从业人数不低于 30%；资产总额和年销售收入均不超过 3 000 万元；

3. 接受投资时设立时间不超过 5 年（60 个月）；

4. 接受投资时以及接受投资后 2 年内未在境内外证券交易所上市；

5. 接受投资当年及下一纳税年度，研发费用总额占成本费用支出的比例不低于 20%。

（二）享受本通知规定税收政策的创业投资企业，应同时符合以下条件：

1. 在中国境内（不含港、澳、台地区）注册成立、实行查账征收的居民企业或合伙创投企业，且不属于被投资初创科技型企业的发起人；

2. 符合《创业投资企业管理暂行办法》（发展改革委等 10 部门令第 39 号）规定或者《私募投资基金监督管理暂行办法》（证监会令第 105 号）关于创业投资基金的特别规定，按照上述规定完成备案且规范运作；

3. 投资后 2 年内，创业投资企业及其关联方持有被投资初创科技型企业的股权比例合计应低于 50%。

（三）享受本通知规定的税收政策的天使投资个人，应同时符合以下条件：

1. 不属于被投资初创科技型企业的发起人、雇员或其亲属（包括配偶、父母、子女、祖父母、外祖父母、孙子女、外孙子女、兄弟姐妹，下同），且与被投资初创科技型企业不存在劳务派遣等关系；

2. 投资后 2 年内，本人及其亲属持有被投资初创科技型企业股权比例合计应低于 50%。

（四）享受本通知规定的税收政策的投资，仅限于通过向被投资初创科技型企业直接支付现金方式取得的股权投资，不包括受让其他股东的存量股权。

三、管理事项及管理要求

（一）本通知所称研发费用口径，按照《财政部 国家税务总局 科技部关于完善研究开发费用税前加计扣除政策的通知》（财税〔2015〕119 号）等规定执行。

（二）本通知所称从业人数，包括与企业建立劳动关系的职工人员及企业接受的劳务派遣人员。从业人数和资产总额指标，按照企业接受投资前连续 12 个月的平均数计算，不足 12 个月的，按实际月数平均计算。

本通知所称销售收入，包括主营业务收入与其他业务收入；年销售收入指标，按照企业接受投资前连续 12 个月的累计数计算，不足 12 个月的，按实际月数累计计算。

本通知所称成本费用，包括主营业务成本、其他业务成本、销售费用、管理费用、财务费用。

（三）本通知所称投资额，按照创业投资企业或天使投资个人对初创科技型企业的实缴投资额确定。

合伙创投企业的合伙人对初创科技型企业的投资额，按照合伙创投企业对初创科技型企业的实缴投资额和合伙协议约定的合伙人占合伙创投企业的出资比例计算确定。合伙人从合伙创投企业分得的所得，按照《财政部 国家税务总局关于合伙企业合伙人所得税问题的通知》（财税〔2008〕159 号）规定计算。

（四）天使投资个人、公司制创业投资企业、合伙创投企业、合伙创投企业法人合伙人、被投资初创科技型企业应按规定办理优惠手续。

（五）初创科技型企业接受天使投资个人投资满 2 年，在上海证券交易所、深圳证券交易所上市的，天使投资个人转让该企业股票时，按照现行限售股有关规定执行，其尚未抵扣的投资额，在税款清算时一并计算抵扣。

（六）享受本通知规定的税收政策的纳税人，其主管税务机关对被投资企业是否符合初创科技型企业条件有异议的，可以转请被投资企业主管税务机关提供相关材料。对纳税人提供虚假资料，违规享受税收政策的，应按税收征管法相关规定处理，并将其列入失信纳税人名单，按规定实施联合惩戒措施。

《财政部 税务总局关于实施小微企业普惠性税收减免政策的通知》（财税〔2019〕13 号）中规定：

五、《财政部 税务总局关于创业投资企业和天使投资个人有关税收政策的通知》（财税〔2018〕55 号）第二条第（一）项关于初创科技型企业条件中的"从业人数不超过 200 人"调整为"从业人数不超过 300 人""资产总额和年销售收入均不超过 3 000 万元"调整为"资产总额和年销售收入均不超过 5 000 万元"。

2019 年 1 月 1 日至 2021 年 12 月 31 日期间发生的投资，投资满 2 年且符合本通知规定和财税〔2018〕55 号文件规定的其他条件的，可以适用财税〔2018〕55 号文件规定的税收政策。

2019 年 1 月 1 日前 2 年内发生的投资，自 2019 年 1 月 1 日起投资满 2 年且符合本通知规定和财税〔2018〕55 号文件规定的其他条件的，可以适用财税〔2018〕55 号文件规定的税收政策。

《财政部 税务总局 发展改革委 证监会关于创业投资企业个人合伙人所得税政策问题的通知》财税〔2019〕8 号中规定：

一、创投企业可以选择按单一投资基金核算或者按创投企业年度所得整体核算两种方式之一，对其个人合伙人来源于创投企业的所得计算个人所得税应纳税额。

本通知所称创投企业，是指符合《创业投资企业管理暂行办法》（发展改革委等 10 部门令第 39 号）或者《私募投资基金监督管理暂行办法》（证监会令第 105 号）关于创业投资企业（基金）的有关规定，并按照上述规定完成备案且规范运作的合伙制创业投资企业（基金）。

二、创投企业选择按单一投资基金核算的，其个人合伙人从该基金应分得的股权转让所得和股息红利所得，按照 20%税率计算缴纳个人所得税。

创投企业选择按年度所得整体核算的，其个人合伙人应从创投企业取得的所得，按照"经营所得"项目、5%～35%的超额累进税率计算缴纳个人所得税。

三、单一投资基金核算，是指单一投资基金（包括不以基金名义设立的创投企业）在一个纳税年度内从不同创业投资项目取得的股权转让所得和股息红利所得按下述方法分别核算纳税：

（一）股权转让所得。单个投资项目的股权转让所得，按年度股权转让收入扣除对应股权原值和转让环节合理费用后的余额计算，股权原值和转让环节合理费用的确定方法，参照股权转让所得个人所得税有关政策规定执行；单一投资基金的股权转让所得，按一个纳税年度内不同投资项目的所得和损失相互抵减后的余额计算，余额大于或等于零的，即确认为该基金的年度股权转让所得；余额小于零的，该基金年度股权转让所得按零计算且不能跨年结转。

个人合伙人按照其应从基金年度股权转让所得中分得的份额计算其应纳税额，并由创投企业在次年 3 月 31 日前代扣代缴个人所得税。如符合《财政部 税务总局关于创业投资企业和天使投资个人有关税收政策的通知》（财税〔2018〕55 号）规定条件的，创投企业个人合伙人可以按照被转让项目对应投资额的 70%抵扣其应从基金年度股权转让所得中分得的份额后再计算其应纳税额，当期不足抵扣的，不得向以后年度结转。

（二）股息红利所得。单一投资基金的股息红利所得，以其来源于所投资项目分配的股息、红利收入以及其他固定收益类证券等收入的全额计算。

个人合伙人按照其应从基金股息红利所得中分得的份额计算其应纳税额，并由创投企业按次代扣代缴个人所得税。

（三）除前述可以扣除的成本、费用之外，单一投资基金发生的包括投资基金管理人的管理费和业绩报酬在内的其他支出，不得在核算时扣除。

本条规定的单一投资基金核算方法仅适用于计算创投企业个人合伙人的应纳税额。

四、创投企业年度所得整体核算，是指将创投企业以每一纳税年度的收入总额减除成本、费用以及损失后，计算应分配给个人合伙人的所得。如符合《财政部 税务总局关于创业投资企业和天使投资个人有关税收政策的通知》（财税〔2018〕55号）规定条件的，创投企业个人合伙人可以按照被转让项目对应投资额的70%抵扣其可以从创投企业应分得的经营所得后再计算其应纳税额。年度核算亏损的，准予按有关规定向以后年度结转。

按照"经营所得"项目计税的个人合伙人，没有综合所得的，可依法减除基本减除费用、专项扣除、专项附加扣除以及国务院确定的其他扣除。从多处取得经营所得的，应汇总计算个人所得税，只减除一次上述费用和扣除。

五、创投企业选择按单一投资基金核算或按创投企业年度所得整体核算后，3年内不能变更。

六、创投企业选择按单一投资基金核算的，应当在按照本通知第一条规定完成备案的30日内，向主管税务机关进行核算方式备案；未按规定备案的，视同选择按创投企业年度所得整体核算。2019年1月1日前已经完成备案的创投企业，选择按单一投资基金核算的，应当在2019年3月1日前向主管税务机关进行核算方式备案。创投企业选择一种核算方式满3年需要调整的，应当在满3年的次年1月31日前，重新向主管税务机关备案。

七、税务部门依法开展税收征管和后续管理工作，可转请发展改革部门、证券监督管理部门对创投企业及其所投项目是否符合有关规定进行核查，发展改革部门、证券监督管理部门应当予以配合。

八、本通知执行期限为2019年1月1日起至2023年12月31日止。

案例一：某有限合伙创投企业2016年9月实缴投资于初创科技型企业300万元，该投资符合投资抵扣税收优惠相关条件，李先生（有限合伙人）2018年9月对创投企业实缴出资600万元，占全部合伙人实缴出资比例的50%。创投企业2018年实现年度经营所得100万元，对李先生的分配比例为60%。

分析：该投资年限规定仅强调合伙创投企业投资于初创科技型企业的实缴投资满2年，而合伙人对该合伙创投企业的实缴出资年限则没有做出要求。因此，对于合伙人或合伙人数变动的情况，无论新的合伙人持有合伙企业份额是否满2年，均不影响新合伙人享受税收优惠。个人合伙人的投资抵扣原则，可按照"先分、再抵、后税"的方式进行操作。

（1）李先生从合伙创投企业分得的经营所得＝100×60%＝60（万元）

（2）李先生分得的可抵扣投资额＝300×70%×50%＝105（万元）

因此，李先生可抵扣的投资额为60万元，还有45万元结转以后年度进行抵扣。

案例二：天使投资人李先生2016年9月投资厦门市的初创科技型企业A公司，实缴出资1 000万元，占股比例为10%，符合投资抵扣税收优惠条件。2018年10月，李先生获得 A 公司派发的股息 20 万元，11 月李先生转让 A 公司 5%的股权，获得现金 800 万元。

分析：天使投资个人抵扣应纳税所得额的规定与创业投资企业类似，但是天使投资个人投资抵扣的仅仅是股权转让所得的应纳税所得额，而不是与被投资企业其他相关的所得，例如持有股权环节中取得的股息所得就不能被抵扣。

天使投资个人投资多个初创科技型企业的，对其中办理注销清算的初创科技型企业，天使投资个人对其投资额的 70%尚未抵扣完的，可自注销清算之日起 36 个月内抵扣天使投资个人转让其他初创科技型企业股权取得的应纳税所得额。

（1）李先生对 A 公司的投资可以抵扣的投资额为 700 万元（1 000×70%）。

（2）2018 年 10 月李先生获得股息 20 万元，无法享受投资抵扣，需按照利息、股息、红利所得项目缴纳个人所得税 4 万元。

（3）11 月，李先生转让 A 公司股权，应纳税所得额＝800－1 000÷10%×5%＝300 万元，抵扣后在现阶段无须缴纳税款，剩余 400 万元（700 万元－300 万元）可结转以后年度转让 A 公司股权时进行抵扣。

假设 2020 年 12 月，A 公司资不抵债，注销清算。李先生 2021 年 8 月份转让其在厦门投资的另一家初创科技型企业 B 公司部分股权（假定暂不考虑 B 企业可抵扣投资额），取得股权转让所得 150 万元，李先生 2024 年 5 月再次转让 B 公司股权，取得 100 万元股权转让所得。

（1）2020 年 12 月 A 公司注销清算后，2021 年 8 月李先生转让 B 公司股权时，因距离 A 企业注销清算不足 36 个月，其取得的股权转让所得 150 万元小于 400 万元，可予以抵扣，剩余 250 万元（400 万元－150 万元）可结转抵扣以后年度转让 B 股权时继续抵扣。

（2）2024 年 5 月李先生再次转让 B 企业股权时，因为距离 A 公司注销清算已经超过 36 个月，李先生投资 A 公司剩余的 250 万元投资额就不能再进行抵扣。

专题五

区域税收筹划

我国区域经济发展不均衡，无论从国家层面或是地方层面都会出现地域政策的差异。如何利用好企业自身所属行业及企业现状来匹配当地政策，最大限度享受到这些政策，是税务筹划的一个重要出发点。目前区域税收优惠政策较多，全国范围内最有影响力的主要包括经济特区和西部地区、海南自贸港等区域税收优惠政策。

一、区域税收优惠政策

（一）经济特区税收优惠政策

《国务院关于经济特区和上海浦东新区新设立高新技术企业实行过渡性税收优惠的通知》（国发〔2007〕40号）中规定：

一、法律设置的发展对外经济合作和技术交流的特定地区，是指深圳、珠海、汕头、厦门和海南经济特区；国务院已规定执行上述地区特殊政策的地区，是指上海浦东新区。

二、对经济特区和上海浦东新区内在2008年1月1日（含）之后完成登记注册的国家需要重点扶持的高新技术企业（以下简称新设高新技术企业），在经济特区和上海浦东新区内取得的所得，自取得第一笔生产经营收入所属纳税年度起，第一年至第二年免征企业所得税，第三年至第五年按照25%的法定税率减半征收企业所得税。

国家需要重点扶持的高新技术企业，是指拥有核心自主知识产权，同时符合《中华人民共和国企业所得税法实施条例》第九十三条规定的条件，并按照《高新技术企业认定管理办法》认定的高新技术企业。

三、经济特区和上海浦东新区内新设高新技术企业同时在经济特区和上海浦东新区以外的地区从事生产经营的，应当单独计算其在经济特区和上海浦东新区内取得的所得，并合理分摊企业的期间费用；没有单独计算的，不得享受企业所得税优惠。

四、经济特区和上海浦东新区内新设高新技术企业在按照本通知的规定享受过渡性税收优惠期间，由于复审或抽查不合格而不再具有高新技术企业资格的，从其不再具有高新技术企业资格年度起，停止享受过渡性税收优惠；以后再次被认定为高新技术企业的，不得继续享受或者重新享受过渡性税收优惠。

（二）西部地区税收优惠政策

《财政部 海关总署国家税务总局关于深入实施西部大开发战略有关税收政策问题的通知》（财税〔2011〕58 号）中规定：

　　一、对西部地区内资鼓励类产业、外商投资鼓励类产业及优势产业的项目在投资总额内进口的自用设备，在政策规定范围内免征关税。

　　二、自 2011 年 1 月 1 日至 2020 年 12 月 31 日，对设在西部地区的鼓励类产业企业减按 15% 的税率征收企业所得税。

　　上述鼓励类产业企业是指以《西部地区鼓励类产业目录》中规定的产业项目为主营业务，且其主营业务收入占企业收入总额 70% 以上的企业。

　　四、本通知所称西部地区包括重庆市、四川省、贵州省、云南省、西藏自治区、陕西省、甘肃省、宁夏回族自治区、青海省、新疆维吾尔自治区、新疆生产建设兵团、内蒙古自治区和广西壮族自治区。湖南省湘西土家族苗族自治州、湖北省恩施土家族苗族自治州、吉林省延边朝鲜族自治州，可以比照西部地区的税收政策执行。

《国家税务总局关于深入实施西部大开发战略有关企业所得税问题的公告》（国家税务总局公告 2012 年第 12 号）中规定：

　　五、根据《财政部 国家税务总局关于执行企业所得税优惠政策若干问题的通知》（财税〔2009〕69 号）第一条及第二条的规定，企业既符合西部大开发 15% 优惠税率条件，又符合《企业所得税法》及其实施条例和国务院规定的各项税收优惠条件的，可以同时享受。在涉及定期减免税的减半期内，可以按照企业适用税率计算的应纳税额减半征税。

　　六、在优惠地区内外分别设有机构的企业享受西部大开发优惠税率问题

　　（一）总机构设在西部大开发税收优惠地区的企业，仅就设在优惠地区的总机构和分支机构（不含优惠地区外设立的二级分支机构在优惠地区内设立的三级以下分支机构）的所得确定适用 15% 优惠税率。在确定该企业是否符合优惠条件时，以该企业设在优惠地区的总机构和分支机构的主营业务是否符合《西部地区鼓励类产业目录》及其主营业务收入占其收入总额的比重加以确定，不考虑该企业设在优惠地区以外分支机构的因素。

　　（二）总机构设在西部大开发税收优惠地区外的企业，其在优惠地区内设立的分支机构（不含仅在优惠地区内设立的三级以下分支机构），仅就该分支机构所得确定适用 15% 优惠税率。

《国家税务总局关于执行〈西部地区鼓励类产业目录〉有关企业所得税问题的公告》（国家税务总局公告 2015 年第 14 号）中规定：

　　为深入实施西部大开发战略，促进西部地区产业结构调整和特色优势产业发展，经国务院批准，发展改革委发布了《西部地区鼓励类产业目录》（中华人民共和国国家发展和改革委员会令第 15 号），自 2014 年 10 月 1 日起施行。现就执行《西部地区鼓励类产业目录》有关企业所得税问题，公告如下：

　　一、对设在西部地区以《西部地区鼓励类产业目录》中新增鼓励类产业项目为主营业务，且其当年度主营业务收入占企业收入总额 70% 以上的企业，自 2014 年 10 月 1 日起，可减按 15% 税率缴纳企业所得税。

　　二、已按照《国家税务总局关于深入实施西部大开发战略有关企业所得税问题的公告》（国家税务总局公告 2012 年第 12 号）第三条规定享受企业所得税优惠政策的企业，其主营业务如不再属于《西部地区鼓励类产业目录》中国家鼓励类产业项目的，自 2014 年 10 月 1 日起，停止执行减按 15% 税率缴纳企业所得税。

《财政部 税务总局 国家发展改革委关于延续西部大开发企业所得税政策的公告》（财政部 税务总局 国家发展改革委公告 2020 年第 23 号）中规定：

一、自 2021 年 1 月 1 日至 2030 年 12 月 31 日，对设在西部地区的鼓励类产业企业减按 15% 的税率征收企业所得税。本条所称鼓励类产业企业是指以《西部地区鼓励类产业目录》中规定的产业项目为主营业务，且其主营业务收入占企业收入总额 60% 以上的企业。

二、《西部地区鼓励类产业目录》由发展改革委牵头制定。该目录在本公告执行期限内修订的，自修订版实施之日起按新版本执行。

四、本公告所称西部地区包括内蒙古自治区、广西壮族自治区、重庆市、四川省、贵州省、云南省、西藏自治区、陕西省、甘肃省、青海省、宁夏回族自治区、新疆维吾尔自治区和新疆生产建设兵团。湖南省湘西土家族苗族自治州、湖北省恩施土家族苗族自治州、吉林省延边朝鲜族自治州和江西省赣州市，可以比照西部地区的企业所得税政策执行。

五、本公告自 2021 年 1 月 1 日起执行。《财政部 海关总署 国家税务总局关于深入实施西部大开发战略有关税收政策问题的通知》（财税〔2011〕58 号）、《财政部 海关总署 国家税务总局关于赣州市执行西部大开发税收政策问题的通知》（财税〔2013〕4 号）中的企业所得税政策规定自 2021 年 1 月 1 日起停止执行。

（三）海南自贸港税收优惠政策

《财政部 税务总局关于海南自由贸易港企业所得税优惠政策的通知》（财税〔2020〕31 号）中规定：

一、对注册在海南自由贸易港并实质性运营的鼓励类产业企业，减按 15% 的税率征收企业所得税。

本条所称鼓励类产业企业，是指以海南自由贸易港鼓励类产业目录中规定的产业项目为主营业务，且其主营业务收入占企业收入总额 60% 以上的企业。所称实质性运营，是指企业的实际管理机构设在海南自由贸易港，并对企业生产经营、人员、账务、财产等实施实质性全面管理和控制。对不符合实质性运营的企业，不得享受优惠。

海南自由贸易港鼓励类产业目录包括《产业结构调整指导目录（2019 年本）》《鼓励外商投资产业目录（2019 年版）》和海南自由贸易港新增鼓励类产业目录。上述目录在本通知执行期限内修订的，自修订版实施之日起按新版本执行。

对总机构设在海南自由贸易港的符合条件的企业，仅就其设在海南自由贸易港的总机构和分支机构的所得，适用 15% 税率；对总机构设在海南自由贸易港以外的企业，仅就其设在海南自由贸易港内的符合条件的分支机构的所得，适用 15% 税率。具体征管办法按照税务总局有关规定执行。

二、对在海南自由贸易港设立的旅游业、现代服务业、高新技术产业企业新增境外直接投资取得的所得，免征企业所得税。

本条所称新增境外直接投资所得应当符合以下条件：

（一）从境外新设分支机构取得的营业利润；或从持股比例超过 20%（含）的境外子公司分回的，与新增境外直接投资相对应的股息所得。

（二）被投资国（地区）的企业所得税法定税率不低于 5%。

本条所称旅游业、现代服务业、高新技术产业，按照海南自由贸易港鼓励类产业目录执行。

三、对在海南自由贸易港设立的企业，新购置（含自建、自行开发）固定资产或无形资产，单位价值不超过 500 万元（含）的，允许一次性计入当期成本费用在计算应纳税所得额时扣除，不再分年度计算折旧和摊销；新购置（含自建、自行开发）固定资产或无形资产，单位价值超过 500 万元的，可以缩短折旧、摊销年限或采取加速折旧、摊销的方法。

本条所称固定资产，是指除房屋、建筑物以外的固定资产。

四、本通知自 2020 年 1 月 1 日起执行至 2024 年 12 月 31 日。

《财政部 税务总局关于海南自由贸易港高端紧缺人才个人所得税政策的通知》（财税〔2020〕32号）中规定：

一、对在海南自由贸易港工作的高端人才和紧缺人才，其个人所得税实际税负超过15%的部分，予以免征。

二、享受上述优惠政策的所得包括来源于海南自由贸易港的综合所得（包括工资薪金、劳务报酬、稿酬、特许权使用费四项所得）、经营所得以及经海南省认定的人才补贴性所得。

三、纳税人在海南省办理个人所得税年度汇算清缴时享受上述优惠政策。

四、对享受上述优惠政策的高端人才和紧缺人才实行清单管理，由海南省商财政部、税务总局制定具体管理办法。

五、本通知自2020年1月1日起执行至2024年12月31日。

《财政部 海关总署 税务总局关于海南离岛旅客免税购物政策的公告》（财政部　海关总署　税务总局公告2020年第33号）中规定：

一、离岛免税政策是指对乘飞机、火车、轮船离岛（不包括离境）旅客实行限值、限量、限品种免进口税购物，在实施离岛免税政策的免税商店（以下称离岛免税店）内或经批准的网上销售窗口付款，在机场、火车站、港口码头指定区域提货离岛的税收优惠政策。离岛免税政策免税税种为关税、进口环节增值税和消费税。

二、本公告所称旅客，是指年满16周岁，已购买离岛机票、火车票、船票，并持有效身份证件（国内旅客持居民身份证、港澳台旅客持旅行证件、国外旅客持护照），离开海南本岛但不离境的国内外旅客，包括海南省居民。

三、离岛旅客每年每人免税购物额度为10万元人民币，不限次数。免税商品种类及每次购买数量限制，按照本公告附件执行。超出免税限额、限量的部分，照章征收进境物品进口税。

旅客购物后乘飞机、火车、轮船离岛记为1次免税购物。

四、本公告所称离岛免税店，是指具有实施离岛免税政策资格并实行特许经营的免税商店，目前包括：海口美兰机场免税店、海口日月广场免税店、琼海博鳌免税店、三亚海棠湾免税店。

具有免税品经销资格的经营主体可按规定参与海南离岛免税经营。

五、离岛旅客在国家规定的额度和数量范围内，在离岛免税店内或经批准的网上销售窗口购买免税商品，免税店根据旅客离岛时间运送货物，旅客凭购物凭证在机场、火车站、港口码头指定区域提货，并一次性随身携带离岛。

六、已经购买的离岛免税商品属于消费者个人使用的最终商品，不得进入国内市场再次销售。

七、对违反本公告规定倒卖、代购、走私免税商品的个人，依法依规纳入信用记录，三年内不得购买离岛免税商品；对于构成走私行为或者违反海关监管规定行为的，由海关依照有关规定予以处理，构成犯罪的，依法追究刑事责任。

对协助违反离岛免税政策、扰乱市场秩序的旅行社、运输企业等，给予行业性综合整治。

离岛免税店违反相关规定销售免税品，由海关依照有关法律、行政法规予以处理、处罚。

二、霍尔果斯的"热"与"冷"

2017年夏天，由吴京执导的《战狼2》创造了多个中国电影界的票房奇迹，最终以56.8亿元票房收入成为华语片中票房最高的电影。《战狼2》的出品方共六家公司，其中三家为：霍尔果斯登峰国际文化传播有限公司、霍尔果斯春秋时代文化传媒有限公司、霍尔果斯橙子映像传媒有限公司。在2017年、2018年的电影片头出品方里，不时冒出"霍尔果斯XX影视/影业/传媒/文化公司"。《乘风破浪》《从你的全世界路过》

的出品方有霍尔果斯橙子映像,《大闹天竺》《火锅英雄》的出品方有霍尔果斯青春光线,《大鱼海棠》《精灵王座》的出品方有霍尔果斯彩条屋影业,《西游伏妖篇》的出品方有霍尔果斯和和影业及霍尔果斯联瑞影业,《游戏规则》的出品方有霍尔果斯恒兴影视,《老炮儿》《使徒行者》的出品方有霍尔果斯春天融和传媒,《北京遇上西雅图2》的出品方有霍尔果斯不二文化传媒。

霍尔果斯是什么样的一个地方,吸引了如此多的影视公司在这里注册?这与霍尔果斯对企业的优惠政策不无关系。

(一)霍尔果斯及其税收政策

1. 霍尔果斯简介

蒙古语中"霍尔果斯"的意思是"驼队经过的地方",哈萨克语中"霍尔果斯"的意思是"河水流过的地方"。1851年,中、俄两国代表在伊犁签订《伊犁塔尔巴哈台通商章程》,正式开放伊犁、塔城两个口岸,霍尔果斯被指定为中俄通商通道之一。1881年,左宗棠从沙俄收回被"代管"11年的伊犁,在此设立了口岸。2003年,霍尔果斯边境区建立自由贸易区,霍尔果斯经济开发区在2010年5月设立。

神秘的霍尔果斯距离哈萨克斯坦的阿拉木图市只有378千米,距离乌鲁木齐市639千米,市区海拔高度在700米左右。每天有一班客运列车从乌鲁木齐市始发,到达终点站霍尔果斯火车站,耗时11小时36分钟。目前,2014年才建市的霍尔果斯市面积有1 900多平方千米,常住人口只有8.65万。从成都到霍尔果斯,需要乘坐每两天一班的飞机,花上5小时到新疆伊犁哈萨克自治州伊宁市,再由伊宁坐1个小时的火车方可到达。

霍尔果斯地处中国西部边陲,自古以来就是古丝绸之路北道上的一个重要驿站,与哈萨克斯坦接壤,西连中亚五国,是我国丝绸之路经济带核心区的重要核心地点,是新亚欧大陆桥重要的咽喉地带,也是连霍高速公路的终点。在"一带一路"建设的大背景下,国家给予霍尔果斯经济开发区特殊政策,令霍尔果斯成为各类投资者眼里的"香饽饽"。

2. 霍尔果斯税收政策

(1)国家层面税收政策

《国务院关于支持喀什、霍尔果斯经济开发区建设的若干意见》(国发〔2011〕33号)中规定:

六、扶持政策

(三)2010年至2020年,对经济开发区内新办的属于重点鼓励发展产业目录范围内的企业,给予自取得第一笔生产经营收入所属纳税年度起企业所得税五年免征优惠,具体目录由财政部、税务总局会同有关部门研究制订。

（四）对经济开发区内属于《产业结构调整指导目录（2011年本）》鼓励类、《外商投资产业指导目录》鼓励类和《中西部地区外商投资优势产业目录》的项目，进口国内不能生产的自用设备，以及按照合同随设备进口的配套件、备件，在规定范围内免征关税。

《财政部 国家税务总局关于新疆喀什、霍尔果斯两个特殊经济开发区企业所得税优惠政策的通知》（财税〔2011〕112号）中规定：

一、2010年1月1日至2020年12月31日，对在新疆喀什、霍尔果斯两个特殊经济开发区内新办的属于《新疆困难地区重点鼓励发展产业企业所得税优惠目录》（以下简称《目录》）范围内的企业，自取得第一笔生产经营收入所属纳税年度起，五年内免征企业所得税。

第一笔生产经营收入，是指产业项目已建成并投入运营后所取得的第一笔收入。

二、属于《目录》范围内的企业是指以《目录》中规定的产业项目为主营业务，其主营业务收入占企业收入总额70%以上的企业。

三、对难以界定是否属于《目录》范围的项目，税务机关应当要求企业提供省级以上（含省级）有关行业主管部门出具的证明文件，并结合其他相关材料进行认定。

（2）自治区及地方层面税收政策

《关于加快喀什、霍尔果斯经济开发区建设的实施意见》新政发〔2012〕48号中规定：

依法落实对两个经济开发区内符合条件的企业给予企业所得税五年免征优惠政策，免税期满后，再免征企业五年所得税地方分享部分。

《霍尔果斯经济开发区企业所得税税收优惠管理办法》（霍特管办发〔2013〕33号）中规定：

第三条 2010年1月1日至2020年12月31日期间，对新办的属于《新疆困难地区重点鼓励发展产业企业所得税优惠目录》（以下简称《目录》）范围内的企业，自取得第一笔生产经营收入所属纳税年度起，五年内免征企业所得税，免税期满后，再免征企业五年所得税地方分享部分。

第四条 "新办企业"是指在2010年1月1日至2020年12月31日期间，按照法律、法规以及其他有关规定，经新疆工商行政管理机关核准注册或其他相关部门核准设立的企业、事业单位、社会团体以及其他取得收入的组织。

第五条 "属于《目录》范围内的企业"是指从事《目录》中规定的产业项目，取得的业务收入占企业收入总额70%以上的企业。

第六条 "第一笔生产经营收入"是指在霍尔果斯经济开发区范围内，重点鼓励发展产业项目已建成并投入运营后所取得的第一笔收入。

企业在筹建期和试生产、试运行期间取得的收入不作为享受优惠政策的起始时间计算。

企业筹建期和试生产（营业）期的确定应符合营业常规或有正当理由，无正当理由的，主管税务机关有权依法对其核定并确定取得第一笔生产经营收入的时间。

企业取得的第一笔生产经营收入发生在一个自然年度的下半年的，可由企业自行选择自当年或下一个年度起，享受税收优惠政策。

《霍尔果斯经济开发区招商引资财税优惠政策》（霍特管办发〔2013〕55号）中规定：

二、所得税减免优惠政策

2010年1月1日至2020年12月31日，对在开发区内新办的属于《新疆困难地区重点鼓励发展产业企业所得税优惠目录》范围内的企业，自取得第一笔生产经营收入所属纳税年度起，企业所得税五年免征优惠。免税期满后，再免征企业五年所得税地方分享部分，采取以奖代免的方式，由开发区财政局将拟征的所得税地方分享部分以奖励的方式对企业进行补助。

第一笔生产经营收入，是指产业项目投入运营后所取得的第一笔收入。

专题五 区域税收筹划

三、开发区鼓励投资的十大产业

（一）国际商贸物流；

（二）金融产业；

（三）总部经济；

（四）高新技术产业；

（五）会展经济；

（六）高端旅游、文化产业；

（七）农产品精深加工；

（八）生物及制药产业；

（九）机电产品、汽车、大型建筑机械及矿山开采设备配套组装加工；

（十）进口资源（油气、稀有金属等）加工。

四、开发区鼓励类投资产业享受财政奖励补贴政策

（一）新设立企业，纳税人一个纳税年度内在园区实际缴纳税款，增值税、营业税、所得税及附加税等当年留存地方财政的总额在 100 万～300 万元、300 万～500 万元、500 万～1 000 万元、1 000 万～2 000 万元、2 000 万～5 000 万元、5 000 万～1 亿元、1 亿元以上的，分别按留存总额 15%、20%、25%、30%、35%、45%、50%的比率予以奖励。

（二）对开发区范围内的新建工业企业，依据项目实际及竣工时限要求，固定资产投资总额 5 000万元以上，依据项目实际及竣工时限要求，以新建厂房建筑面积为准，按照 50 元人民币/平方米给予补贴。对认定的高新技术产业的设备投入按照设备总投入的 1%给予补贴。

《关于霍尔果斯经济开发区霍尔果斯园区引进企业薪金收入个人所得税奖励暂行办法》中规定：

二、适用范围

本办法适用于在园区内企业工作取得"工资薪金"，并选择园区作为其个人所得税缴纳地的境内外个人。

三、奖励标准及原则

（1）根据纳税人一个纳税月度内在园区内实际缴纳个人所得税额地方留成部分给予补贴奖励，具体标准为：

当月缴纳个人所得税在 1 000 元人民币（含 1 000 元人民币）至 2 000 元人民币（含 2 000 元人民币）部分，奖励比率为其在园区实际缴纳个人所得税地方留成部分的 70%。当月缴纳个人所得税不足 1 000 元的，不予奖励。

当月缴纳个人所得税在 2 000 元人民币至 4 000 元人民币（含 4 000 元人民币）部分，奖励比率为其在园区实际缴纳个人所得税地方留成部分的 80%。

当月缴纳个人所得税在 4 000 元人民币以上的部分，奖励比率为其在园区实际缴纳个人所得税地方留成部分的 90%。

案例：电影《战狼 2》票房高达 56.8 亿元，雄踞票房榜首，根据协议，吴某分得 18.4 亿元。导演兼主演吴某在新疆霍尔果斯成立了一家文化公司，即登峰国际文化传播有限公司。企业所得税税前可扣除项目金额为 2.7 亿元。

分析：霍尔果斯对文化产业公司的税收优惠政策为企业所得税五年内全免。

方案一：按照《战狼 2》56.8 亿元的总票房来算，如果没有享受税收优惠，那么本例按照 25%的企业所得税税率缴纳税款，则企业所得税应纳税款为（18.4－2.7）× 25%≈3.93（亿元）

方案二：如果注册地在霍尔果斯，那么企业应纳税款为（18.4-2.7）×0%＝0，吴某节省了3.93亿元的企业所得税。

（3）其他优惠政策

《霍尔果斯经济开发区霍尔果斯园区鼓励和促进企业上市的实施办法》中规定：

第三章 财税扶持政策

第五条 企业在开展股份制改造的过程中，以未分配利润和盈余公积转增注册资本金，按相关规定所缴纳个人所得税的地方留成部分，开发区财政全额补贴给企业；为扩大资本规模，引进风险投资者，发生股权转让所缴纳个人所得税的地方留成部分，区财政全额补贴给企业。

第六条 企业在股份制改造、挂牌、上市过程中，因会计审计评估而一次性调增的利润所实际缴纳的企业所得税，其地方留成部分全额补贴给企业。但与前款规定的补贴项目相同的，不得重复享受。

第七条 园区鼓励外地公司注册地迁至园区的买"壳"上市公司和外地上市公司进驻。对注册地迁入园区、纳税登记在园区的外地上市公司，从迁入园区的次年起连续两年将企业所得税实际地方留成部分奖励给企业，并按照本办法第十条给予奖励。对企业迁移过程中涉及的具体问题采用"一事一议"的方式予以解决。

第四章 奖励政策

第八条 对于在2016年底前，在新疆股权交易中心挂牌的区内企业和对上述挂牌企业提供培育推荐服务的中介机构，各给予8万元人民币奖励。2017年1月1日至2020年12月31日期间挂牌的企业以及向挂牌企业提供培育推荐服务的中介机构，各给予5万元人民币奖励。

第九条 发起设立股份有限公司并已在自治区证监局办理辅导备案登记的上市后备企业，园区财政给予补助资金20万元人民币。待企业通过上市辅导验收合格后，园区财政再给予补助资金30万元人民币。

第十条 从2017年起，对成功上市或者挂牌的本地企业，园区政府按不同板块以不同数额的奖励：主板上市奖励200万元人民币、中小板上市奖励100万元人民币、创业板上市奖励50万元人民币、新三板挂牌奖励30万元人民币。对前5家成功挂牌新三板的企业，各追加奖励资金5万元人民币。园区企业在新疆股权交易中心等区域资本市场挂牌奖励10万元人民币，对前10家成功挂牌的企业，各追加奖励资金5万元人民币。

第十一条 鼓励和支持符合条件的挂牌企业和完成改制的股份有限公司发行企业定向债券和通过新疆股权交易中心发行私募债券，对成功发行的股份有限公司（不含国有或者国有控股企业），按其融入资金的1‰（分批到位的，以最终到位资金为准）给予补贴，最高不超过100万元人民币。挂牌或上市公司再融资，其额度超过1亿元人民币以上，一次性奖励30万元人民币。

第六章 附则

第十三条 列入园区上市后备企业3年后未上市，或因企业自身原因终止上市工作，或上市后10年内注册地迁出本市，只要出现上述任何一种情况，企业需全额退回所享受的各项优惠补贴和扶持性资金。

第十四条 本实施办法中政策基于国家、自治区、自治州相关政策相对稳定而制定，如遇国家、自治区、自治州相关政策有所变化，则进行相应修改。

此外，2017年1月中国证监会与新疆区政府签署协议，对达到条件的新疆企业上市实行"即报即审、审过即发"的绿色通道政策，这对于资本市场而言是一个极大的利好。一般情况下，公司想上市需要排队等待多年，但是新疆的企业可以享受绿色通道。

（二）影视行业的特点

我国的影视产业自 2010 年以来发展迅速，电影总票房的增长率一直保持高速增长，截至 2018 年底我国电影票房达到 457.12 亿元。但是，我国影视产业低投入高回报的泡沫时代已过，进入了市场饱和、竞争白热化的格局，影视概念上市公司压力巨大，中小公司举步维艰，整个行业的资金链处于紧张状态。影视行业具有高负债、高现金流的特点，制作一个节目或一部电影，前期需要大量的投入，因此需要快速制作、快速投放、快速收回资金。

1. 影视行业产业链

以电影产业为例，产业链从上游到下游主要有：制片商、发行商、院线公司及电影院。

制片商是从事影片生产的企业，主要负责将资金、演员、剧本等要素整合，制作成电影后投放市场，如中影、上影、华谊等。制片商的收入来源主要是分账收入、广告收入。发行商以分账、买断、代理等方式取得境内外影片的发行权，并在规定时期和范围内从事为放映企业或电视台等放映单位提供影片的拷贝、播映带、网络传输等业务活动的企业。例如，中影、华夏、保利博纳等均为目前规模较大的发行商。发行商的收入来源主要是分账收入、广告收入。院线公司及电影院负责电影放映。院线公司是以若干家影院为依托，对各连锁影院实行统一品牌、统一排片、统一经营、统一管理的机构，如万达院线、中影星美等，收入来源主要是分账收入、广告收入、加盟收入。电影院的收入来源主要是分账收入、广告收入、卖品及场地租赁收入等

分账制是目前电影行业较为常见的一种盈利分配方式，即将电影票房收入扣除 5% 的国家电影事业发展专项资金以及相关税费后，剩余部分在制片商、发行商、院线公司之间进行分配。业内通常按制片商 37%~39%、发行商 4%~6%、院线公司 5%~7%，电影院 50%~52% 的比例进行分配。对于进口影片，发行商一般可取得 17% 的票房分账收入。随着互联网视频的发展，发行商来自在线视频的收入逐步增加。

2. 影视行业的特点

处于影视产业链下游的院线对销售收入影响最大。一些花费巨额资本制作的节目上映后也不一定能成功，投资风险居高不下。影视产业具有负债率高、融资困难等特点。

影视行业的资产负债率高早已是公开的秘密。前些年是影视红利期，很多连锁院线大量举债，通过票房收入周转或院线抵押，实现滚雪球式扩张，同时也推高了资产

负债率。上市公司长城影视 2019 年三季度财报显示，其资产负债率高达 84.44%。在如此高的资产负债率下，其资产结构也令人担忧。长城影视的资产总额为 26.94 亿元，其中应收账款 6.48 亿元，长期股权投资 33.05 亿元，无形资产 2.59 亿元，商誉 9.73 亿元。另一家上市公司欢瑞世纪的应收账款竟然高达 25.1 亿元。

资金链关系着影视公司的生死存亡，融资是很多公司当下最重要的工作。规模大的公司可以通过发行企业债券拿到较低成本的资金，而不能发债的公司，只能通过吸引战略资本或事从银行融资。吸引战略资本是影视公司融资的常用方式。作为高风险行业，影视公司的资金需求更多来自风险投资资本，资本要求高投资高回报。但现实是，影视行业的资本已在退潮，从 2016 年起监管政策频出，对影视行业的跨界并购及再融资进行了收紧调整，多家上市公司的重组并购案例流产。曾经的唐德影视、暴风集团分别以 4.35 亿元拟收购范冰冰旗下爱美神 51% 股权、10.8 亿元收购刘诗诗旗下稻草熊影业 60% 股权，这两起并购事件均以失败告终。还有赵薇以"空手套白狼"的方式借壳万家文化遭重罚，禁入证券市场 5 年，也成为影视并购领域的一大暴雷。而影视公司从银行贷款融资较为困难，在现实中从影视行业高风险的特点可知，这不符合银行的风险偏好。所以，更多的影视公司是通过关联企业借道银行融资，以解燃眉之急。

（三）影视行业扎堆霍尔果斯

霍尔果斯税收优惠目录共有农林业、水利业、汽车业等 35 个行业，千余个细分领域位列其中，为何独独对影视业的吸引力度最大？因为影视业属于轻资产行业，开办企业的成本较小，所以在几年内涌入了大量的影视企业。资本的本质是逐利，而电影业现在正是最受资本青睐的行业之一。霍尔果斯作为全国企业税收最优惠的地方，两相结合，必将成为一种"现象"并留名历史。

巅峰时期，曾有 1 600 余家影视文化公司在霍尔果斯注册。这座我国西北边疆的小城，几年间吸引了赵薇、黄晓明、冯小刚、杨幂、范冰冰、李湘、吴秀波、邓超、吴京等一众明星在此注册公司，华谊兄弟、唐德影视、光线传媒等知名影视上市公司，也都来此设立分公司。以上市公司光线传媒为例，其 2015 年至 2017 年直接或间接地在霍尔果斯注册了七家公司，分别为：霍尔果斯青春光线影业有限公司、霍尔果斯彩条屋影业有限公司、霍尔果斯光印影业有限公司、霍尔果斯可可豆动画影视有限公司、霍尔果斯迷你光线影业有限公司、霍尔果斯五光十色影业有限公司、光线（霍尔果斯）现场娱乐有限公司。

2016 年霍尔果斯新引进企业 2 406 家，平均每天 6 家以上注册。而在此之前，霍尔果斯所有的注册企业、个体户数仅为 5 736 户。2017 年有 14 472 户企业或个体在霍尔果斯完成注册，注册企业爆发式增长，最鼎盛的时候，据说工商局营业执照都被打完了。在霍尔果斯注册的公司基本是"空壳"，没有员工真的去办公。影视行业很多明星都以现金或片酬入股的方式投资自己主演的电影，这么做最后拿到的分成就可以避税。另外，明星每年挣的片酬、广告费、代言费、综艺酬劳等也有可能在霍尔果斯的公司名下入账。影视类公司只要主营业务的收入占到 70%，剩下其他业务收入占比不超过30%，就可以享受到霍尔果斯的税收优惠政策。

（四）影视行业的撤离

从崔永元曝光范冰冰"阴阳合同"事件开始，娱乐圈的税收"地震"就已开始。霍尔果斯也从避税天堂变成重点核查区域。据《证券时报》报道，自 2018 年 6 月份以来，有超过 100 家霍尔果斯的影视公司申请注销，包括了徐静蕾、冯小刚、赵文卓等多位知名艺人担任法定代表人或持股的企业。从 2018 年 10 月至 2019 年 7 月，影视行业所在的"文化、体育和娱乐业"注销的公司数量为 929 家，占 16%。

《国家税务总局关于进一步规范影视行业税收秩序有关工作的通知》（税总发〔2018〕153 号）中规定：

一、深刻认识规范影视行业税收秩序的重要性

近年来，我国影视行业快速发展，整体呈现出良好态势。同时，也暴露出天价片酬、"阴阳合同"、偷逃税款等问题，破坏了社会公平正义，损害了行业形象，影响了行业健康发展。

各级税务机关要深刻领会、准确把握中央宣传部等五部门对影视行业有关问题开展治理的要求，认真做好影视行业税收秩序规范工作。要充分考虑影视行业的特点，坚持稳妥推进、分步实施的原则，切实纠正影视行业税收方面存在的问题，增强影视从业人员依法纳税意识，进一步完善税收管理措施，促进影视行业健康发展。

二、准确把握规范影视行业税收秩序的工作任务

从 2018 年 10 月开始，到 2019 年 7 月底前结束，按照自查自纠、督促纠正、重点检查、总结完善等步骤，逐步推进规范影视行业税收秩序工作。

（一）自查自纠

从 2018 年 10 月 10 日起，各地税务机关通知本地区的影视制作公司、经纪公司、演艺公司、明星工作室等企业及影视行业高收入从业人员，对 2016 年以来的申报纳税情况进行自查自纠。凡在 2018 年 12 月底前认真自查自纠、主动补缴税款的影视企业及从业人员，免予行政处罚，不予罚款。

各地税务机关要主动帮助和辅导辖区内影视行业企业及高收入从业人员做好自查自纠工作。在 12366 纳税服务热线设置专门咨询座席，在办税服务厅或税务机关安排专人，解答自查自纠相关问题，办理自查自纠相关业务。在纳税人自查自纠过程中，不开展入户检查。

（二）督促纠正

从 2019 年 1 月至 2 月底，税务机关根据纳税人自查自纠等情况，有针对性地督促提醒相关纳税人进一步自我纠正，并加强咨询辅导工作。对经税务机关提醒后自我纠正的纳税人，可依法从轻或减轻行政处罚；对违法情节轻微的，可免予行政处罚。

霍尔果斯财税政策转向实际上在 2018 年年初就已初见端倪，如收紧企业注册、加强税收减免汇算清缴和监督清理、对现行优惠政策进行论证、要求"做实"当地注册的企业、将开票规模与办公场地大小和工作人员社保缴纳情况挂钩、强制企业部分资金需留存用于当地投资等指导意见相继落地。"一址多照"不再实施，每个公司必须有实体落地办公室，要聘请 3 个及以上员工，并为其缴纳社保。根据公司的盈利规模来要求办公场地和员工人数的最低标准。增值税、附加税返还政策早已不再实施，"五免五减半"的优惠，也需要严格满足上述前置条件。目前有业务的大公司还在霍尔果斯坚守，只要账面、交税正常，仍可以享受政策优惠。

这一系列政策大变脸实际上都是对于过往错误政策的亡羊补牢、拨乱反正。但是对于已注册的影视公司来说，霍尔果斯开始大面积限开、停开发票，大量影视公司收入无法结算，新的剧目无法投入，造成公司现金流困难，一些公司难以继续经营下去。2019 年 7 月 14 日，《成都商报》记者根据天眼查数据统计，在地址位于新疆伊犁哈萨克自治州且与霍尔果斯相关的企业中，霍尔果斯市内共有 23 577 家公司，显示为"注销"状态的公司共有 5 635 家。而在 2018 年 10 月，据《新京报》报道，同样是根据天眼查数据统计，霍尔果斯市内注销的企业数为 847 家。也就是说，不到一年时间，霍尔果斯有近 5 000 家公司进行了注销。

（五）影视行业聚集的其他区域

根据《新三板影视行业报告》，新三板影视行业企业的地域分布集中于浙江、北京、上海三地，其中浙江 6 家中有 5 家来自横店，北京、上海各 3 家。东阳、上海、无锡都是影视行业聚集地。国内目前的江苏无锡影视基地、浙江横店影视城、宁夏镇北堡西部影视城以及北京怀柔影视城等发展态势较好。

影视公司的分布反映我国资本的分布，京、沪、苏、浙是重要经济腹地，除资本外相应的配套设施也相对完善，对于影视公司的包容和发展具有得天独厚的优势。浙江东阳在 2010 年制定了《关于进一步加快横店影视产业实验区发展的若干意见》，江苏无锡制定了《市政府关于支持无锡国家数字电影产业园建设发展若干意见（2016—2020 年）》等政策，支持影视产业的发展。

但是近些年，很多影视正业有向边缘转移的趋势，一些城市因其独特的优势吸引着影视从业者前去驻扎。以海口冯小刚电影公社来说。海口本是气候环境绝佳的典型旅游城市，其经济靠旅游业、农业支撑，经济并不发达。冯小刚和华谊只是因为当地山清水秀就会投资几个亿吗？当然不会。各地政府针对这些文化产业项目都会有相关的优惠政策才是关键。以海口市为例，注册一个注册资金超过 1 000 万元的影视公司，海口政府补贴 500 万元。另外，影视公司租办公室的，补贴一半的租金。如果想落户在海口买房子，每平方米补贴 1 000 元。在海口用于拍摄的资金，不包括演员的钱，线上的也不包括，仅实际在海口拍摄花费的钱，返还其中的 20%。如此诱人的政策才是商人纷至沓来的根本原因。

（六）霍尔果斯由热到冷的反思

1. 区域税收优惠政策的有效性

霍尔果斯作为我国西部的重要通商口岸，一直受到国家在经济政策层面的诸多照顾。但是，国家政策的初衷是希望通过吸引实体经济落地带动当地经济、就业、教育等方面的发展。而霍尔果斯当地政府和政策制定者却是拿着鸡毛当令箭，在实施政策时发生严重扭曲，硬生生将霍尔果斯变成了"壳公司""皮包公司"的避税天堂。根据统计，近年来在霍尔果斯落户的 4 000 余家企业中，仅有不足 2% 的公司实际落地，其余 98% 均为只占便宜、不出力的"壳公司"。

霍尔果斯作为边境口岸城市，具备开展对外贸易的天然区位优势，意图将霍尔果斯发展成为影视文化重镇的思路从一开始就是错误的，利用扭曲的财税手段来吸引文化企业落地就是错上加错。这些年，影视公司和明星利用霍尔果斯宽松的监管环境大举避税。影视文化上市公司 2017 年所得税有效税率大幅降至 10% 就是最有力的数据证明。这个中国西部的通商口岸曾寄希望于通过政策优势强势崛起，却最终随着政策红利的消失、阴阳合同的发酵、行业制度的规范管理，让明星资本纷纷撤出这个曾经的避税天堂。霍尔果斯的陨落，深究其中的原因是没有实业落地，一味追求避税的财税政策从一开始就是个错误。

2. 影视行业的偷税漏税治理

在补税的形势之下，影视行业整治重塑已成定局，范冰冰案中有关责任单位和责任人已被问责，在 2018 年 10 月 8 号国家税务总局的发文中，也强调"在规范影视行业税收秩序工作中，对发现税务机关和税务人员违法违纪问题，以及出现大范围偷逃税行为且未依法履职的，要依规依纪严肃查处"，可是这个行业大面积偷逃漏税究竟该由谁来负责呢？归根结底此次娱乐圈"地震"皆是因为行业风气所致，承担核心责任的也应当是在过去几年受益最大的影视文化行业从业人员。资本的贪婪和对于短期利益的追求迫使众多影视公司和明星个人不得不"唯利是图"，如畸高估值、业绩对赌、票房保底、收视对赌、上市安排等条款都在推波助澜。避税天堂的存在使得影视行业为避税无所不用其极，而各地为争夺头部资源在当地落户，无限放宽条件导致企业质量参差不齐，地方部门对于企业后期运营也疏于监管，企业违规成本低致其肆无忌惮。从业人员、资本、政策都应为这次影视行业税收风暴负责，但追责从来不是重点，反思和行业重塑才是当务之急。艺人限酬、影视作品回归内容本源、重新树立行业社会责任形象已经迫在眉睫。

曾经，霍尔果斯是国内财税政策支持力度最大的避税天堂、"东方好莱坞"横店是产业配套最为齐全的税收优惠之地、无锡是动辄奖励百万现金的税收洼地。现如今影视文化行业税收台风已经正式登陆，补税三年、五个月窗口期已经落定。霍尔果斯"对现行优惠政策进行论证"，横店"变原来的定期定额征收为查账征收"，政策转向不是朝令夕改，而是对于过往错误的紧急补救。行业重塑不是一朝一夕，但是从业人员需要坚守道德底线并对法律法规心存敬畏。

专题六

国际税收筹划

在跨国经营中，投资者除了要考虑基础设施、原材料供应、金融环境、技术和劳动力供应等常规因素外，不同地区的税制差别也是重要的考虑因素。各国由于政治体制不同、经济发展不平衡，税制之间存在着较大的差异，而且各国也都规定了各种税收优惠政策，如加速折旧、税收抵免、差别税率、亏损结转等。这种差异为跨国纳税人进行税收筹划提供了可能的空间和机会。跨国纳税人利用国家之间的税制差异以及国际税收协定，在跨国投资经营活动中选择对自己有利的业务安排，在不违反任何国家税收法律的前提下减轻其全球总税负，就是国际税收筹划。

一、国际税收筹划基础

（一）避税港

1. 避税港简介

避税港是跨国公司非常热衷的地方。形形色色的避税港在地理位置、经济发展水平、商业环境以及税收协议缔结等方面的情况各不相同，因此跨国公司会有所选择。国外对华投资中大量利用避税港。例如2008年对华投资前十位的国家（地区）（以实际投入外资金额计）依次为：中国香港（410.36亿美元）、英属维尔京群岛（159.54亿美元）、新加坡（44.35亿美元）、日本（36.52亿美元）、开曼群岛（31.45亿美元）、韩国（31.35亿美元）、美国（29.44亿美元）、萨摩亚（25.5亿美元）、中国台湾地区（18.99亿美元）和毛里求斯（14.94亿美元）。前十位国家（地区）实际投入外资金额占全国实际使用外资金额的86.85%。

目前世界上的避税港主要有以下三类：一是无税避税港，该类避税港不征个人所得税、公司所得税、资本利得税和财产税，如百慕大群岛、巴哈马、开曼群岛等；二是低税避税港，该类避税港以低于一般国际水平的税率征收个人所得税、公司所得税、资本利得税和财产税等税种，如列支敦士登、英属维尔京群岛、中国香港、中国澳门等；三是特惠避税港，该类避税港在国内税法的基础上采取特别的税收优惠措施，如爱尔兰的香农、菲律宾的巴丹、新加坡的裕廊等。这些避税港一般具有以下特点：不征税或税率很低，特别是所得税和资本利得税；实行僵硬的银行或商务保密法，为当事人保密，不得融通；外汇开放，资金来去自由，毫无限制；拒绝与外国税务当局进行任何合作；一般不定税收协订或只签定很少的税收协订；非常便利的交通和信息中心等。

2. 避税港设立公司的优势

避税港所在地区往往以法律手段制订并培育出一些特别宽松的经济区域，这些区域一般称为离岸法区，离岸公司就是泛指在离岸法区内成立的有限责任公司或股份有限公司，投资人不用亲临当地，其业务运作可在世界各地的任何地方直接开展。离岸公司的四大优势在于极低的税务负担、无外汇管制、规避贸易壁垒、保密性好。

（1）离岸公司与一般有限公司相比，主要区别在税收上。与通常使用的按营业额或利润征收税款的做法不同，离岸管辖区政府只向离岸公司征收年度管理费，除此之外不再征收任何税款。如开曼群岛课征的税种只有进口税、印花税、工商登记税、旅游者税等简单的几种，没有开征个人所得税、企业所得税、资本利得税、不动产税、遗产税等直接税。离岸管辖区政府一般不签定税收协定或是只鉴定很少的税收协定，也拒绝与外国税务当局进行任何合作。

（2）一般这类"离岸"地区和国家与世界发达国家都有良好的贸易关系。因此，海外离岸公司是许多大型跨国公司和拥有高额资产的个人经常使用的金融工具。几乎所有的国际大银行都承认这类公司，如美国的大通银行、香港的汇丰银行、新加坡发展银行、法国的东方汇理银行等。离岸公司可以在银行开设账号，在财务运作上极其方便。由于海外离岸公司的资金转移不受太多约束，公司在资金使用上也很方便，很多通过这种方式上市的企业，干脆将在海外资本市场募集的资金先放在海外的离岸公司，再根据国内企业经营的具体需要，逐次将资金汇往国内。一般说来，注册一家海外离岸公司，然后以该公司的名义进行海外融资并在香港或新加坡的二板上市，相对而言会比较简单便捷。

（3）有利于企业规避贸易及非贸易壁垒。中国的国内企业，在向美国、西欧等发达国家出口产品时，通常需要申请配额及一系列的相关手续，为此需多花费 1~2 倍的成本。同时，这些发达国家为保护本国企业的利益，经常对发展中国家的企业设置例如：关税壁垒、反倾销、反补贴、绿色壁垒、技术性壁垒等的限制。如果该企业拥有一家离岸公司，由企业向自己的离岸公司出口，再由离岸公司向这些发达国家出口，就能在一定程度上规避这些贸易及非贸易壁垒的歧视和限制。

（4）宽松的法律环境以及对公司业务的高度保密，使上市公司自身安全具备充分保障，极大减少了各种风险因素。例如，公司的股东资料，股权比例，收益状况等，享有保密权利，如股东不愿意，可以不对外披露。英属维尔京群岛、开曼、百慕大等地是部分自治的英国殖民地，其公司法以英国商业公司法为基础。公司有关股东及董事的资料均是保密的，不需要向公众透露。

此外，离岸公司的注册程序简单、费用低，有专业的注册代理机构代为完成，不需要注册人亲自到注册地进行操作。一般当地政府批准成立只需 1~2 天的时间。离岸公司无须每年召开股东大会及董事会，即使召开，其地点也可任意选择，自由度较大。公司股东可以是个人或者公司，可以以非现金方式购买公司股份。

3. 中国离岸公司的现状

我国外商投资和境外上市公司出现了一种新的现象，外商投资来源地以香港公司为主，同时一个不为人所知的加勒比海岛国英属维尔京群岛位列第二位，其次为开曼群岛等离岸法域。通过在香港、英属维尔京群岛、开曼群岛、百慕大群岛等地注册"离岸公司"，再通过离岸公司返回大陆设立外商投资企业或实现境外上市和海外收购已经成了不少内地企业间公开的秘密。

众多的国有企业（比如中国银行、国家电网、中国移动、中国联通、中国电信、中石油、中海油等），几乎所有的国际风险投资与私募并购基金［软银、赛富亚洲、红杉资本、鼎晖创业投资、华平投资集团、高盛集团、摩根士丹利、华登国际、霸菱、集富、英特尔、智基、联想投资、弘毅投资、德丰杰（Draper Fisher Jurvetson，简称DFJ）、普凯、北极光创投、梧桐、祥峰、富达、新桥、黑石等］以及众多民营企业（如裕兴、亚信、新浪、网易、搜狐、盛大、百度、碧桂园、SOHO、阿里巴巴、巨人集团等）几乎无一不是通过在离岸法域设立离岸控股公司的方式而实现其巨大的成功和跨越的。

4. 案例分析

案例一：某企业 A 的业务模式主要是通过制造子公司 B 进行产品生产，再由销售子公司 C 通过购买 B 公司制造的产品向海外出售来实现利润。由于两个子公司要分别缴纳 25% 的所得税，因此企业税收负担比较重。2019 年度，B 公司实现利润 1 000 万元，C 公司实现利润 800 万元。请计算 B、C 两个公司每年需要缴纳的企业所得税并提出税收筹划方案。

分析：由于该企业的主要销售对象均位于海外，可以考虑将 C 公司设置在所得税税率比较低的避税港，假设为 D 公司。D 公司的企业所得税税率为 10%。B 公司的产品以比较低的价格销售给 D 公司，D 公司再将其销售给海外客户。

方案一：B 公司需要缴纳企业所得税：1 000×25% = 250 万元，C 公司需要缴纳企业所得税：800×25% = 200 万元，合计缴纳企业所得税：250+200 = 450 万元。

方案二：假设 2019 年度 B 公司实现利润 500 万元，将 500 万元的利润转移至 D 公司，D 公司实现利润 1 300 万元。这样 B 公司需要缴纳企业所得税：500×25% = 125 万元，D 公司需要缴纳企业所得税：1 300×10% = 130 万元，合计缴纳企业所得税：125+130 = 255 万元。减轻税收负担：450−255 = 195 万元。当然，商品从中国转移至 D 公司所在国需要花费一些费用和缴纳一些税收，但如果这些税费的总额低于 195 万元，则该税收筹划仍然可以为该企业带来利益。

（二）准避税港

百慕大、开曼群岛、英属维尔京群岛都是以对各类所得实行低税率为主要特点的避税港。另外有一些国家（地区）是因为税收协议网络发达和对外资企业有较为优惠的政策而成为"准避税港"，如荷兰、瑞士、荷属安第列斯、塞浦路斯等。这些地区也是国际控股公司、投资公司、中介性金融公司和信托公司建立的热点地区，可以利用这些国家税收协议的发达网络，获得较多的税收协议带来的好处。

1. 准避税港的运作原理

不同国家之间签订的双边税收协定往往规定了避免双重征税的措施，或者规定了一些鼓励双边投资的税收优惠政策。但是这种税收优惠往往只给予签订协定的两个国家的居民，第三国的居民不能享受该税收优惠政策。如果第三国居民为了享受该税收优惠政策，那么必须首先在其中一个国家设立一个居民公司，由该居民公司从事相关业务就可以享受该税收协定所规定的优惠政策。因此，企业进行跨境投资时，在投资国的经营收入缴纳所得税无可避免，但税后的投资收益回流主要通过股息红利或者进行股权转让，因此就必须要考虑税收协定的重要影响，根据税收协定合理进行事前筹划是跨国企业节税的重要途径。假设中国企业打算收购一家德国公司，那么最好是使用一家英国公司作为中间公司，可充分利用英国和中国之间的双重征税协议（double taxation treaty）。而英国和德国都是欧盟成员国，它们之间的股息和其他税法都比其他非欧盟国家更为优惠。

2. 典型的准避税港

中资企业在卢森堡、新加坡、巴巴多斯和塞浦路斯投资较多，另外也会在爱尔兰、荷兰、瑞士、希腊等地投资，其中荷兰和卢森堡两地较为典型。

荷兰同德、法、日、英、美、俄等 40 多个国家缔结了全面税收协议，对以上协议国均实施低税率的预提税。例如该国的股息是 25%，但对协议国则降为 5%、7.5%、10% 或 15%；对利息和特许权使用费则不征税。其中，对丹麦、芬兰、爱尔兰、意大利、挪威、瑞典、美国、英国等国家的股息预提税限定为零。此外对汇出境外的公司利润，也可以比照股息享受低税或免税的优惠。荷兰税法规定，居民公司所取得的股息和资本利得按 35% 的公司所得税课征，但对符合一定条件的公司中的外资部分所取得的股息和资本利得按所占比例全额免征公司税。

卢森堡不仅是进入欧洲的门户，而且是进行全球投资的最佳控股工具之一。卢森堡有卓越的地理环境，位于邻近法兰克福和巴黎的欧洲心脏地带，方便往来于德国、法国、比利时与荷兰，有相对安全和稳定的政治环境，多种语言并行，是欧洲最重要的经济和政治机构主管部门的成员；有欧洲最出名的银行企业，是全球第七大金融中心，可以为外国公司和投资者提供匿名、安全的银行服务。卢森堡也为外国公司提供免税优惠，为跨国公司提供最优惠的税制。其增值税是欧洲最低，基本税率 15%，低税率 12%、6%、3%，银行、保险等行业一般免税；鼓励利用卢森堡—中国的相关税务协议，承认在中国可能波动的税率；中国产品在卢森堡享受海关优惠政策。包括开曼群岛、英属维尔京群岛在内的大多数离岸地都被欧盟国家、美国和经济合作与发展组织（OECD）国家列入了黑名单。在这些国家，离岸公司很可能被征税。卢森堡有良好的信誉，不曾被任何一个国家列入黑名单。离岸公司不能享受双边税收协定优惠，因此向股东支付股息时会产生 5%~10% 的预提税；而卢森堡公司作为在岸公司可享受卢森堡与近 50 个国家签订的双边税收协定优惠，因此在支付股息时不需要缴纳预提税。中国的煤炭、新能源、航空航天等很多领域的私营企业和国有企业在欧洲投资时，都注册了卢森堡公司，采用"香港—卢森堡—欧洲"的间接投资模式。香港与卢森堡之间的版税（特许权使用费）及利润税税率为 0%，股息及资本利得的税率为 0%。卢森堡与欧洲公司之间的股息税率为 0%，与非欧洲公司之间适用双边税收协定，具有广泛的税务网络。"香港—卢森堡"投资模式的税收优势如表6-1所示。

表6-1　"香港—卢森堡"投资模式的税收优势

税率	投资英国		投资法国	
	经香港投资	经香港卢森堡投资	经香港投资	经香港卢森堡投资
股息税率	0%	0%	25%	0%
利润税率	20%	0%	16%	0%
版税税率	22%	5%	33.3%	0%
资本利得税率	0%	0%	0%	0%

3. 案例分析

美国某电动汽车生产企业甲公司在上海设立了全资子公司乙公司。如果甲公司直接设立乙公司，那么甲公司每年从乙公司取得的股息需要缴纳10%的预提税（利用股息直接再投资的除外）。该企业如何进行税收筹划？

分析：如果甲公司先在香港设立丙公司，由丙公司投资设立乙公司，那么乙公司每年向丙公司分配股息，缴纳5%的预提税。香港实行来源地管辖权，对于丙公司从乙公司取得的股息不征收所得税。香港没有股息汇出的预提所得税，因此丙公司将股息再分配给甲公司时，不需要在香港缴纳预提税。甲公司从乙公司取得股息的税收成本仅为5%，可节税50%。

二、国际税收筹划的方法

（一）转让定价

转让定价是指公司集团内部机构之间或关联企业之间通过相互销售产品、提供劳务、资金借贷或转让技术等活动所确定的企业集团内部价格。这种价格不由交易双方按市场供求关系和独立竞争原则确定，而是根据跨国公司的战略目标和整体利益最大化的原则由集团公司上层决策者人为确定。转让定价行为可以发生在一国之内，也可以发生在国与国之间。转让定价的特殊性决定了它在跨国公司集团的内部管理和国际税收筹划中可以发挥重要作用。

转让定价可以被用于跨国关联企业之间的各项交易，包括销售产品、提供劳务、发放贷款、转让技术等。在这些交易中，通过一定的定价策略，跨国公司集团可以把利润从一个国家的关联企业转移到另外一个国家。例如，为了把利润转出某一高税国，跨国公司可以让其他国家的关联企业以高价向高税国的关联企业出售原材料或半成品，在高税国企业生产出产品后再让其以较低的价格向其他国家的关联企业销售。采用这种"高进低出"策略，高税国企业的利润就被转移到其他国家的关联企业。除了货物交易外，劳务提供、资金借贷、财产租赁、无形资产许可交易等都可以采用这种转移定价策略实现利润的转移。特别是无形资产，如技术、商标、专利等许可交易可以给企业带来超额利润，所以无形资产的特许权使用费就成了跨国公司应用转让定价的重要领域。

案例：我国上市公司 C 有两家海外子公司 A 和 B，A 公司所在国的公司所得税税率为 30%，B 公司所在国的公司所得税税率为 40%。在某一纳税年度，A 公司生产电子元件 20 万件，成本 300 万美元全部要出售给 B 公司，再由 B 公司对外销售。

方案一：A 公司按照每件 20 美元的价格将这批电子元件出售给 B 公司，然后 B 公司以每件 30 美元的价格对外销售。A 公司转让定价后利润计算表如表 6-2 所示。

表6-2　转让定价后利润计算表　　　　单位：万美元

项目	A 公司	B 公司	企业集团
销售收入	400	600	600
销售成本	300	400	300
销售总利润	100	200	300
所得税（30%/40）	30	80	110
税后利润	70	120	190

方案二：A 公司按照每件 25 美元的价格将这批电子元件出售给 B 公司，然后 B 公司以每件 30 美元的价格对外销售。A 公司转让定价后利润计算表如表 6-3 所示。

表6-3　转让定价后利润计算表　　　　单位：万美元

项目	A 公司	B 公司	企业集团
销售收入	500	600	600
销售成本	300	500	300
销售总利润	200	100	300
所得税（30%/40）	60	40	100
税后利润	140	60	200

可见，方案二中 A 公司通过转让定价把 100 万美元从 B 公司所在的高税国转移到

了 A 公司所在的低税国。而在实际过程中，为了更大限度降低税收负担，跨国公司甚至可以让高税国的 B 公司出现亏损，从而把利润转移到低税国的 A 公司。

跨国公司把集团内部的利润通过转让定价从高税国的关联企业转移到低税国的关联企业，从低税国关联企业的税负看有所增加，但是高税国关联企业的利润及税负都下降了。只要高税国企业税负的降低幅度大于低税国企业税负的增长幅度，则最终结果就是跨国公司集团整体税负的下降。跨国公司利用转让定价将利润从高税国转到低税国，将会严重损害高税国的税基和税收收入，因此发达国家以及包括我国在内的许多发展中国家都制定了转让定价税务管理的法律法规，国家税务当局有权对跨国纳税人利用转让定价从本国转移利润的行为进行审计调查和特别纳税调整。但总的来看，跨国纳税人利用转让定价在无形资产转让以及劳务提供方面仍有较大的税收筹划空间。

（二）资本弱化

资本弱化又称资本隐藏，是指企业和企业的投资者为了最大化自身利益或其他目的，在融资和投资方式的选择上，通过降低资本中股权的比重，提高贷款的比重而造成的企业负债与所有者权益的比率超过一定限额的现象。一般情况下，企业权益资本与债务资本的比例应为 1 : 1，当权益资本小于债务资本时，即为资本弱化。

各国对股息和利息的税收政策通常不同，即对企业支付的利息，通常允许作为企业的费用扣除，从而可以减少企业的应税利润，进而减少应缴所得税；而对于企业分配的股息，则属于税后利润的分配，不允许扣除。一些国家对于企业汇出的利息适用的预提所得税税率较低，而对于企业汇出的股息适用的预提税税率较高。由此导致了在税收待遇上，利息优于股息所得。在跨国公司对外投资的投资总量和投资回报率相同的情况下，跨国公司偏好举债投资，尽量扩大债务与股权的比例，使被投资国关联企业资本结构中股权资本减少而债务资本增加，从而减少跨国企业集团的纳税义务。因此，资本弱化成了税收负担最小化的一个手段而被跨国投资者广泛使用。

案例：某跨国公司在 C 国设立了一家全资子公司 A，前期投入资本 1 000 万美元，接着又提供资金 2 000 万美元。假设子公司 A 的年收入为 900 万美元，成本费用为 200 万美元，C 国企业所得税税率为 25%，预提所得税税率为 10%。分析后期的 2 000 万美元以提供贷款方式和注入股本方式投入在税收上的区别。

方案一：以注入股本方式投入 2 000 万美元。A 公司当年应纳税所得额＝900－200＝700 万美元，应缴纳企业所得税＝700×25%＝175 万美元。税后利润全部汇回该跨国公司所在国，则应缴纳的股息预提所得税＝（700－175）×10%＝52.5 万美元，C 国政府合计取得税收收入＝175+52.5＝227.5 万美元。

方案二：以提供贷款方式投入 2 000 万美元，年利率 10%。A 公司支付利息＝2 000 ×10%＝200 万美元，可以作为费用税前扣除。这样 A 公司当年的应纳税所得额＝900- 200-200＝500 万美元，应缴纳企业所得税＝500×25%＝125 万美元，该跨国公司应缴的 利息预提所得税＝200×10%＝20 万美元，C 国政府合计取得税收收入＝125+20＝145 万 美元。

方案三：以提供贷款方式投入 2 000 万美元，年利率 20%。A 公司支付利息＝2 000 ×20%＝400 万美元，可以作为费用税前扣除。这样 A 公司当年的应纳税所得额＝900- 200-400＝300 万美元，应缴纳企业所得税＝300×25%＝75 万美元，该跨国公司应缴的 利息预提所得税＝400×10%＝40 万美元，C 国政府合计取得税收收入＝75+40＝115 万 美元。

通过对以上三个方案的比较可以发现，企业通过减少股份资本、扩大贷款份额， 可以用利息支出来减少应税所得，从而达到避税的目的。贷款的利息越高，可以获得 的税收好处越多。资本弱化侵蚀了国家的税收利益，很多国家出台来反资本弱化的政 策，因此不合理地利用资本弱化进行税收筹划，会增加企业的涉税风险。企业要深入 了解不同国家对资本弱化的税务管理规定，在深入了解的基础上和遵守税收法规的前 提下，合理筹划从而避免税务风险。

（三）利用税收饶让政策

纳税人来源于境外的所得首先要在来源地国纳税，回到居民国以后还要向居民国 纳税，这就产生了重复征税。为了避免重复征税，居民国的税法一般都允许纳税人来 源于境外的所得已经缴纳的税款可以在应当向本国缴纳的税款中予以扣除，但一般都 有一个上限，即不能超过该笔所得根据本国税法规定应当缴纳的税款。国家为了吸引 外资而给予外资一定的税收优惠，外资回到本国时对于该税收优惠有两种处理方式： 一种是将税收优惠视为来源地国给予外资的优惠，虽然本国纳税人没有实际缴纳该税 款，但是仍然视为已经缴纳予以扣除，这种方式就是税收饶让抵免；另一种是对该税 收优惠不予考虑，仅对纳税人来源地国实际缴纳的税款予以扣除，这样来源地国给予 外资的税收优惠就无法被外资所享受了。目前，我国与绝大多数国家的税收协定都规 定了税收饶让抵免制度，只有美国等少数国家没有该项制度。在没有税收饶让抵免制 度的情况下，可以通过在具有税收饶让抵免的国家设立居民公司来享受该项优惠政策。

案例：中国和 A 国签订的双边税收协定有税收饶让抵免制度，并且对缔约国居民来源于本国的投资所得免征预提所得税，A 国企业所得税税率为 30%，中国和 B 国的双边税收协定没有税收饶让抵免制度，预提所得税税率为 10%，但 A 国和 B 国的双边税收协定具有税收饶让抵免制度，并且对缔约国居民来源于本国的投资所得免征预提所得税。中国某公司甲在 B 国有一个子公司乙，2019 年度获得利润总额 2 000 万元，根据 B 国税法规定，企业所得税税率为 30%，但是对外资可以给予 10% 的低税率。请计算该笔所得应当承担的税收负担，并提出税收筹划方案。

分析：乙公司在 B 国应当缴纳企业所得税：2 000×10% = 200 万元，净利润：2 000 -200 = 1 800 万元。假设该笔利润全部汇回本国，则应当缴纳预提所得税：1 800×10% = 180 万元。该笔所得按照我国税法规定应当缴纳企业所得税：2 000×25% = 500 万元。由于该笔所得已经在国外缴纳了所得税：200+180 = 380 万元，在本国只需要缴纳所得税：500-380 = 120 万元，税后纯所得：2 000-200-180-120 = 1 500 万元。

如果该甲公司首先在 A 国设立一个丙公司，将其持有的乙公司的股权转移给丙公司持有，乙公司的利润首先分配给丙公司，然后再由丙公司将利润分配给甲公司，这样就可以享受税收饶让抵免的优惠政策了。乙公司在 B 国应当缴纳企业所得税：2 000 ×10% = 200 万元，净利润：2 000-200 = 180 万元。乙公司将利润全部分配给丙公司，不需要缴纳预提所得税。该笔利润在 A 国需要缴纳企业所得税：2 000×30% = 600 万元。由于该笔所得按照 B 国税法本来应当缴纳 600 万元的税款，因此该笔税款不需要向 A 国缴纳任何税款。丙公司再将该笔利润全部分配给甲公司，中间不需要缴纳预提所得税。该笔所得需要向中国缴纳企业所得税：2 000×25% = 500 万元。由于在 A 国已经缴纳了 600 万元的税款，因此不需要再向中国缴纳所得税。企业净利润：2 000-200 = 1 800 万元。通过税收筹划，企业增加了净利润：1 800-1 500 = 300 万元。

（四）将利润留存境外

纳税人在境外投资的所得必须汇回本国才需要向本国缴纳企业所得税，如果留在投资国，则不需要向本国缴纳企业所得税。纳税人可以在一定程度上将利润留在境外，从而避免缴纳企业所得税或者推迟向本国缴纳企业所得税的时间，获得税收筹划的利益。特别是当企业需要继续在海外进行投资时，就更不需要将利润汇回本国，可以将其他企业的利润直接投资于新的企业，这样可以减轻税收负担。当然，这种税收筹划方法应当保持在一定的限度内，超过一定的限度将被税务机关进行纳税调整。我国对于居民企业境外利润的相关政策如下：

《中华人民共和国企业所得税法》第四十五条规定：

由居民企业，或者由居民企业和中国居民控制的设立在实际税负明显低于本法第四条第一款规定税率水平的国家（地区）的企业，并非由于合理的经营需要而对利润不做分配或者减少分配的，上述利润中应归属于该居民企业的部分，应当计入该居民企业的当期收入。

《中华人民共和国企业所得税法实施条例》中规定：

第一百一十六条　企业所得税法第四十五条所称中国居民，是指根据《中华人民共和国个人所得税法》的规定，就其从中国境内、境外取得的所得在中国缴纳个人所得税的个人。

第一百一十七条　企业所得税法第四十五条所称控制，包括：

（一）居民企业或者中国居民直接或者间接单一持有外国企业10%以上有表决权股份，且由其共同持有该外国企业50%以上股份；

（二）居民企业，或者居民企业和中国居民持股比例没有达到第（一）项规定的标准，但在股份、资金、经营、购销等方面对该外国企业构成实质控制。

第一百一十八条　企业所得税法第四十五条所称实际税负明显低于企业所得税法第四条第一款规定税率水平，是指低于企业所得税法第四条第一款规定税率的50%。

《特别纳税调整实施办法（试行）》（国税发〔2009〕2号）中规定：

第七十六条　受控外国企业是指根据所得税法第四十五条的规定，由居民企业，或者由居民企业和居民个人（以下统称中国居民股东，包括中国居民企业股东和中国居民个人股东）控制的设立在实际税负低于所得税法第四条第一款规定税率水平50%的国家（地区），并非出于合理经营需要对利润不作分配或减少分配的外国企业。

第七十七条　本办法第七十六条所称控制，是指在股份、资金、经营、购销等方面构成实质控制。其中，股份控制是指由中国居民股东在纳税年度任何一天单层直接或多层间接单一持有外国企业10%以上有表决权股份，且共同持有该外国企业50%以上股份。

中国居民股东多层间接持有股份按各层持股比例相乘计算，中间层持有股份超过50%的，按100%计算。

第八十条　计入中国居民企业股东当期的视同受控外国企业股息分配的所得，应按以下公式计算：

中国居民企业股东当期所得＝视同股息分配额×实际持股天数÷受控外国企业纳税年度天数×股东持股比例

中国居民股东多层间接持有股份的，股东持股比例按各层持股比例相乘计算。

第八十一条　受控外国企业与中国居民企业股东纳税年度存在差异的，应将视同股息分配所得计入受控外国企业纳税年度终止日所属的中国居民企业股东的纳税年度。

第八十二条　计入中国居民企业股东当期所得已在境外缴纳的企业所得税税款，可按照所得税法或税收协定的有关规定抵免。

第八十三条　受控外国企业实际分配的利润已根据所得税法第四十五条规定征税的，不再计入中国居民企业股东的当期所得。

第八十四条　中国居民企业股东能够提供资料证明其控制的外国企业满足以下条件之一的，可免于将外国企业不作分配或减少分配的利润视同股息分配额，计入中国居民企业股东的当期所得：

（一）设立在国家税务总局指定的非低税率国家（地区）；

（二）主要取得积极经营活动所得；

（三）年度利润总额低于500万元人民币。

> **《国家税务总局关于简化判定中国居民股东控制外国企业所在国实际税负的通知》**（国税函〔2009〕37 号）中规定：
>
> 中国居民企业或居民个人能够提供资料证明其控制的外国企业设立在美国、英国、法国、德国、日本、意大利、加拿大、澳大利亚、印度、南非、新西兰和挪威的，可免于将该外国企业不作分配或者减少分配的利润视同股息分配额，计入中国居民企业的当期所得。

案例：中国的甲公司在 A 国设立了一家子公司乙。2017 年度乙公司获得税前利润 3 000 万元，2018 年度乙公司获得税前利润 4 000 万元。A 国企业所得税税率为 30%。中国和 A 国税收协定规定的预提所得税税率为 10%。乙公司将税后利润全部分配给甲公司。甲公司在 2019 年度投资 3 000 万元在 B 国设立了另外一家子公司丙。请计算乙公司两年利润的所得税负担并提出税收筹划的方案。

分析：不同国家之间签订的双边税收协定往往规定了避免双重征税的措施，或者规定了一些鼓励双边投资的税收优惠政策。但是这种税收优惠往往只给予签订协定的两个国家的居民，第三国的居民不能享受该优惠政策。第三国居民必须首先在其中一个国家设立一个居民公司，由该居民公司从事相关业务就可以享受该税收协定所规定的优惠政策。

方案一：乙公司 2017 年需要向 A 国缴纳企业所得税：3 000×30% = 900 万元。将利润分配给甲公司，需要缴纳预提所得税：900×10% = 90 万元。甲公司获得该笔利润需要向中国缴纳企业所得税：3 000×25% = 750 万元。由于该笔所得已经在国外缴纳了 990 万元的所得税，因此不需要向中国缴纳任何税款。

乙公司 2018 年度需要向 A 国缴纳企业所得税：4 000×30% = 1 200 万元。将利润分配给甲公司，需要缴纳预提所得税：1 200×10% = 120 万元。甲公司获得该笔利润需要向中国缴纳企业所得税：4 000×25% = 1 000 万元。由于该笔所得已经在国外缴纳了 1 320 万元的所得税，因此不需要向中国缴纳任何税款。

甲公司两年一共获得税后纯利润：3 000+4 000-990-1 320 = 4 690 万元

方案二：如果甲公司将税收利润一直留在乙公司，则 2017 年度和 2018 年度乙公司一共需要缴纳企业所得税：（3 000+4 000）×30% = 2 100 万元，缴纳税后纯利润：7 000-2 100 = 4 900 万元。2019 年度，乙公司可以用该笔利润直接投资设立丙公司，设立过程中不需要缴纳任何税款。通过税收筹划，甲公司减轻了所得税负担：4 900-4 690 = 210 万元。

（五）利用税收管辖权差异

税收管辖权是指一个国家在征税方面所拥有的管辖权力，即国家在税收领域中的主权，一国政府有权决定对什么人征税、征什么税和征多少税。但一国政府征税的权力受到该国政治权力涉及范围的限制。这种限制体现在两个方面：一是人员限制，即一国政府只能对本国公民或居民征税；二是地域限制，即一国政府只能对处于其政府管辖范围内的所得或收益征税。

国际上确定税收管辖权通常有属人原则和属地原则：属人原则，即以纳税人（包括自然人和法人）的国籍、登记注册所在地或者住所、居所和管理机构所在地为标准，确定其税收管辖权。凡属该国的公民和居民（包括自然人和法人），都受该国税收管辖权管辖，要就其来源于境内和境外的所得对其居住国政府纳税，对该国负有无限纳税义务。属地原则，即以一国的领土疆域范围为标准，确定其税收管辖权。该国领土疆域内的一切人（包括自然人和法人），无论是本国人还是外国人，都受到该国税收管辖权管辖，就来源于本国的所得有权征收税款，对该国负有有限纳税义务。

一国采用何种税收管辖权，由该国根据本国权益、国情、政策和在国际所处的经济地位等因素决定。一般来说，资本技术输入较多的发展中国家，多侧重维护地域管辖权；而资本技术输出较多的发达国家，则多侧重维护居民（公民）管辖权。大多数国家为维护本国权益，一般都同时行使两种税收管辖权。在国际上单一行使地域管辖权的国家或地区有中国香港、文莱、法国、荷兰、玻利维亚、多米尼加、危地马拉、巴西、巴拿马、委内瑞拉、阿根廷等；同时行使居民管辖权和来源地管辖权的国家有中国、新加坡、马来西亚、泰国、日本、印度、印度尼西亚、菲律宾、比利时、丹麦、挪威、瑞典、芬兰、德国、意大利、西班牙、葡萄牙、英国、爱尔兰、新西兰、澳大利亚、墨西哥等。美国同时行使居民管辖权、公民管辖权和地域管辖权。

税收管辖权重叠是引起国际重复征税的主要原因。但是国与国之间存在的税制差异，也可能会给纳税人提供一个税收管辖权的真空。在这个真空中，各国都不向某个纳税人或者某笔所得征税。

案例：苹果公司是一个跨国公司集团，母公司设在美国加利福尼亚州的库比蒂诺，但子公司及其下设的关联公司却遍布世界各地。苹果公司在爱尔兰、荷兰和加勒比群岛设立若干子公司，其收入的 2/3 归属于这些海外公司。2012 年苹果公司取得 557.6 亿美元的全年税前收入，仅缴纳了 140 亿美元税款，综合计算总税率仅为 22%，远低于美国联邦税率。其中在避税活动中发挥关键作用的子公司（包括子公司下设的关联公司）设在了爱尔兰。此外，高科技公司如亚马逊、谷歌、戴尔、脸书、英特尔、微软，以及制药公司辉瑞、惠氏、葛兰素史克、施贵宝等都在爱尔兰设立有子公司或在此进行生产。为什么选中爱尔兰？除了爱尔兰的企业所得税税率较低为 12.5% 以外，其判定居民企业的标准与美国有差异也是一个很重要的原因。

分析：在大多数国家，居民企业要就其全世界所得向居住国政府申报缴纳所得税，所以判定居民企业的标准对跨国公司来说至关重要。美国采用单一的注册地标准，即凡是在美国注册成立的公司都是美国的居民企业，要就美国境内和境外的一切所得向美国政府纳税。爱尔兰过去判定企业的居民身份主要采取管理和控制中心机构标准，同时也采取注册地标准，但在爱尔兰注册成立的公司被判定为居民企业有严格的限定条件。例如，在爱尔兰注册成立并在爱尔兰从事交易活动的公司，如果被欧盟成员国或税收协定国的居民企业直接或间接控制，就不能被认定为爱尔兰的居民企业。美国与爱尔兰早就签订了税收协定，所以美国母公司在爱尔兰注册成立的子公司（包括子公司下设的关联公司）并不能依据其是在爱尔兰注册成立就被认定为爱尔兰的居民企业，关键要看子公司的管理和控制中心机构设在哪个国家。

苹果母公司为了不使子公司成为爱尔兰的居民企业，将爱尔兰税法中据以判定公司管理和控制的中心机构都设在了美国，如将爱尔兰子公司的账簿存放在得克萨斯州的奥斯汀市，公司的财务由苹果公司设在内华达州的一家子公司进行管理，公司的存款放在纽约的一家银行账户上，公司的董事会基本都在加州的库比蒂诺市召开。这样，爱尔兰就认为这些苹果的子公司不是本国的居民企业，所以不对其境外所得征税，只对来源于爱尔兰境内的所得征税。而上述管理和控制的中心机构虽然设在美国，但美国并不依据它们来判定公司的居民身份，而是要依据公司的注册地，既然苹果公司的这些子公司是在爱尔兰注册成立的，那么美国认定它们不是本国的居民企业，不对其在美国境外的所得征税。因此，这些苹果公司的爱尔兰子公司既不是美国的居民企业，也不是爱尔兰的居民企业。

这些苹果公司的爱尔兰子公司在爱尔兰从事各种经营活动，苹果母公司尽量让它们的利润来源于爱尔兰之外，以少缴爱尔兰的企业所得税。如苹果销售国际公司是苹果公司在爱尔兰的一家关联企业，2011 年取得了 220 亿美元的利润，但当年只在爱尔兰缴纳了 1 000 万美元的所得税，有效税率仅为 0.05%。在国际社会反避税的强大压力下，爱尔兰在 2014 年通过了一项法案，规定自 2015 年以后在爱尔兰新注册成立的企业均被视为爱尔兰居民企业，此前注册成立的企业从 2021 年 1 月起也要适用这个规则。

（六）间接转让境外公司股权

企业到海外投资，未来都可能面临退出海外市场，出售境外子公司股权的情形。

如果股权转让价格超过了投资成本，企业就会取得一笔股权转让所得，而东道国政府一般要对这笔所得征收企业所得税或资本利得税。特别是有些国家资本利得税的税率较高，从而会导致企业要以较高成本退出海外市场。即使企业所在国与东道国有税收协定，但税收协定对股权转让的资本利得税税率并不像对股息、利息那样规定了优惠税率，最多只是划分一下什么情况下东道国有征税权。所以，企业要到海外投资，需要先在一个第三国设立中介公司（或称管道公司），然后再通过该中介公司持有东道国目标企业的股权；此后，一旦要退出东道国的经营，则只需要转让第三国中介公司的股权，而不一定非要转让东道国企业的股权。

在实行这种税收筹划时，中介公司的选址就非常重要，如果中介公司所在国也对股权转让所得课征很高的所得税，那么上述税收筹划就会前功尽弃。有些国家和地区对股权转让所得免征所得税，如避税港、荷兰、新加坡、中国香港等，中介公司应当选择在这些不征收资本利得税的国家和地区设立。

案例：2007年5月，香港和记电讯国际有限公司（以下简称香港和电国际）的间接全资附属公司 HTIL（BVI）Holdings Limited 以111.2亿美元的价格把持有开曼群岛 CGP Investments（Holdings）Limited 公司（以下简称 CGP 公司）的股权转让给沃达丰集团的 Vodafone International Holdings BV 公司。

CGP 公司持有多个毛里求斯公司的股权，而这些毛里求斯公司共持有印度第四大电信运营商 Hutchison Essa 公司（简称 HEL）67%的股权。沃达丰通过此次交易进入印度市场，随后发展成为印度电信市场中仅次于 Bharti Airtel 的第二大移动电信运营商。

由于 CGP 公司通过毛里求斯公司持有印度 HEL 公司股权，印度税务局认为此笔交易中印度的资产被间接出售了，香港和电国际应就该收购事项资本利得缴纳资本收益税。按照印度法律需由买方沃达丰履行代扣代缴义务，如沃达丰未履行，税务机关可向香港和电国际直接追缴税款。

沃达丰和香港和电国际认为买卖的是开曼 CGP 公司的股权，资本利得在开曼产生，在印度未产生利得，没有应税主体，因此印度税务机关没有管辖权。2012年，印度最高法院确认了交易方是正常商业目的，香港和电国际公司的避税架构是正当的，不属税务欺诈。此后，印度税务部门在2017年先后两次向香港和电国际公司追讨税款，长江和记实业有限公司于2017年8月在香港交易所发出自愿性公告，称印度追缴的392亿港元为不合理征税和罚款，不会进行支付。

分析：①印度是否具有税收管辖权？由于此股权转让交易双方当事人都是非印度

税收居民，不符合印度居民管辖权，所以只有认定此股权转让所得来源于印度，印度税务机关才能对其征税。②此股权转让所得是否来源于印度？根据印度《1961所得税法案》规定，股权转让所得来源地是被转让股权的公司注册所在地或股权转让发生地。本案中，被转让股权的公司（开曼CGP）注册地以及股权转让发生地都在印度境外。③印度政府只有认定和电国际的离岸避税架构是为躲避税收而搭建，中间控股公司与沃达丰的此笔股权交易不具有"合理商业目的"才可以利用"穿透"规则。

本案的争议焦点是能否利用"穿透"规则，关键是通过认定和电国际的离岸避税架构不具有"合理商业目的"来确认此笔股权转让交易所得来源于印度境内。对和电国际的公司架构进行分析可以发现，和电国际通过中间控股公司建立了层次分明的投资架构，第一层是"毛里求斯+印度"结构，第二层是"开曼+毛里求斯"结构。

第一层："毛里求斯+印度"结构。

香港和记电讯在1994年投资印度时，通过设在毛里求斯的控股公司持股印度HEL，而非其香港公司直接持有，即搭建了"毛里求斯+印度"这一持股结构，之所以搭建这个结构是为了享受毛里求斯与印度的税收协定。

1982年，印度政府和东南非岛国毛里求斯政府签署双边税收协定，两国采用免税法和抵免法两种方式避免双重征税。在免税法下，某项所得只需在一个国家纳税，而在另一个国家免税。根据印毛双边税收协定，对于跨国投资的资本利得，投资者可以选择在印度或毛里求斯任何一国纳税。因此，这些戴着毛里求斯面纱的投资所得，选择在毛里求斯纳税。而毛里求斯是有名的低税地，对资本利得基本不征税。因此，印度和记分回毛里求斯控股公司的股息红利所得既不需要向印度缴税也不需要向毛里求斯缴税，可以节省一大笔税款支出。

第二层："开曼+毛里求斯"结构。

和记电讯并没有直接持有毛里求斯控股公司的股权，而是通过开曼的离岸公司间接持股。之所以选择通过开曼CGP来持有毛里求斯公司，除了税务因素之外，和记电讯也考虑到了开曼公司管理方便、保密严密的优势。同时，中间控股公司开曼CGP不只是专为控股印度和记而设，还持有其他多家公司股权，在转让交易中也附加了多项条件，从而使其在商业上具有经营实质。

此外，毛里求斯税法规定不征收资本利得税、不征收股息和利息支付预扣税。但是和记电讯所在的香港也是低税率地区，无资本利得税，在用香港公司—毛里求斯架构，或者香港公司—开曼公司—毛里求斯架构时，以考虑管理、保密方面为主，税务为辅。开曼架构是豁免公司，即公司可以不在开曼境内经营，但开曼法规完善，开曼架构作为股东并不被国际认定为存在税务欺诈。

因此，该离岸避税架构不论实质还是形式都符合印度最高法院认定的"合理商业目的"，从而避免了该架构被印度税务机关"穿透"而追缴巨额罚款。并且，香港和记电讯早在 1994 年就通过中间控股结构进入印度市场投资。这个结构 1994—2007 年都在运营中，而且印度和记在 2003 年 3 月至 2006 年 7 月间每年都向印度当局缴纳所得税。因此，本案的中间控股交易架构并不是专门为避税而临时搭建的。CGP 等公司存在的目的不仅仅是作为中间控股公司，其还有利于实现企业经营管理的便利化及企业所有权的顺利转变，并且可以享受印度与毛里求斯的税收协定，这是印度政府本来就认可的。同时交易标的开曼 CGP 公司除了间接持有印度 HEL 公司外，还持有其他公司股权，并附加多项条件，是一揽子交易，无法分拆，因此本次交易具有"合理商业目的"，不存在税务欺诈。

参考文献

1. 刘蓉. 税收筹划 [M]. 北京：高等教育出版社，2015.

2. 翟继光. 新税法下企业纳税筹划 [M]. 北京：电子工业出版社，2019.

3. 朱青. 企业税务筹划原理与方法 [M]. 北京：中国人民大学出版社，2019.

4. 徐贺. 资本交易税收实务 [M]. 北京：中国税务出版社，2019.

5. 瑞华会计师事务所. 上市公司税收筹划与案例解析 [M]. 北京：中国财政经济出版社，2019.